Coaching und Führung

Arbeitshefte Führungspsychologie

Herausgegeben von Prof. Dr. Ekkehard Crisand,
Wilhelmsfeld

Band 45

Coaching und Führung
Orientierungshilfen und Praxisfälle

von

Michael Pohl

und

Michael Wunder

Bielefeld

Mit 18 Tools, Abbildungen
und Übersichten

I. H. Sauer-Verlag GmbH
Heidelberg

Die Deutsche Bibliothek – CIP-Einheitsaufnahme

Pohl, Michael:
Coaching und Führung : Orientierungshilfen und Praxisfälle ; mit 18 Tools / von Michael Pohl und Michael Wunder. – Heidelberg : Sauer, 2001

(Arbeitshefte Führungspsychologie ; Bd. 45)

ISBN 3-7938-7263-7

ISBN 3-7938-7263-7

© 2001 I. H. Sauer-Verlag GmbH, Heidelberg

Das Werk einschließlich aller seiner Teile ist urheberrechtlich geschützt. Jede Verwertung außerhalb der engen Grenzen des Urheberrechtsgesetzes ist ohne Zustimmung des Verlages unzulässig und strafbar. Das gilt insbesondere für Vervielfältigungen, Bearbeitungen, Übersetzungen, Mikroverfilmungen und die Einspeicherung und Verarbeitung in elektronischen Systemen.

Gesamtherstellung: Progressdruck GmbH, 67346 Speyer

Umschlagentwurf: Konrad Peter Zug, 69488 Birkenau

∞ Gedruckt auf säurefreiem, alterungsbeständigem Papier, hergestellt aus chlorfrei gebleichtem Zellstoff (TCF-Norm)

Printed in Germany

Vorwort

Wer führt, braucht Führungskompetenz. Doch welche Führungskraft wurde kommunikativ und kooperativ ausgebildet? Ein wesentliches Element von Führungskompetenz besteht in der Fähigkeit, sich helfen zu lassen und sich aktiv Unterstützung zu organisieren. *Wer führen will, braucht Coaching.* Das ist die simple Kernbotschaft dieses Buches.

Ohne Anspruch auf Vollständigkeit werden zentrale Themen von Coaching erörtert, konkrete Fallbeispiele geschildert sowie Vorgehensweisen und Tipps gegeben, die sich in der Praxis bewährt haben. Aus den unterschiedlichen Blickwinkeln und Arbeitsschwerpunkten der Autoren – im Profit- und Non-Profit-Sektor – ergeben sich gemeinsame Schlussfolgerungen, die sektorenübergreifend anwendbar sind.

Die Praxiserfahrungen, die in dieses Buch einfließen, stammen aus der Beratungstätigkeit der Autoren für Organisationen und Unternehmen, Hochschulen, Fachkliniken, Verbände, Kirchen und kommunale Ämter.

Das Buch richtet sich an Führungskräfte und andere Verantwortungsträger, die Coaching in Anspruch nehmen möchten, an Dozenten und Seminarteilnehmer, sowie an angehende und praktizierende Coaches, die Orientierung und Anregung für die eigene Tätigkeit suchen. Es ist für alle geeignet, die mehr über das *Professionalisierungsmodell Coaching* erfahren möchten.

Ein Wort noch zur Grundhaltung, die dieses Buch prägt: Was wir hier vorstellen, ist nicht der Weisheit letzter Schluss, sondern der derzeitige Stand unserer Theorie und Praxis. Es soll nützlich sein und zur Auseinandersetzung anregen.

Bielefeld, im November 2001

Michael Pohl
Michael Wunder

Inhaltsverzeichnis

1.	**Führungskräfte – einsam an der Spitze**	11
1.1	Das Führungsdilemma	11
1.2	Führungsideale – der perfekte Manager	12
1.2.1	Der Nimbus des Managers – „Ten foot tall and bullet-proof"	13
1.3	Die großen Tabus	14
1.3.1	Stärken und Schwächen	15
1.3.2	Die Angst vor dem Versagen	15
1.3.3	Das Stigma „Misserfolg"	16
1.4	Die sogenannten Sachzwänge	17
1.5	„Help, de manager verzuipt!"	18
1.6	Nicht perfekt, sondern gut	19
2.	**Führung, Leitung, Management**	21
2.1	Leitungskompetenz	21
2.2	Führung ist keine Technik	22
2.3	Gute Führung	23
2.4	Die Rolle der Führungskraft im Wandel	24
2.5	Gute Führung braucht Coaching	25
3.	**Coaching als Unterstützung von Führungskompetenz**	27
3.1	Selbstkenntnis	28
3.2	Spiegelungen	28
3.2.1	Zerrspiegeleffekte oder Trübungen	28
3.2.2	Qualitätsspiegel	29
3.3	Führungstypen	29
3.3.1	Eine flexible Typologie	29
3.3.2	Beispiele für Führungstypen	31
3.3.3	Das Coaching der unterschiedlichen Führungstypen	32
3.4	Die Funktionen von Coaching	33
3.5	Coaching als umfassendes Professionalisierungsmodell	34
4.	**Der professionelle Coach**	36
4.1	Die Rollen des Coach	36
4.2	Was ein Coach nicht sein sollte	37
4.3	Coaching-Kompetenz	37
4.4	Der perfekte Coach	38

4.5	Förderliche Grundhaltungen	.39
4.6	Wer führt, darf nicht coachen?	.40

5. Coaching konkret – Rahmenbedingungen .42
5.1 Anlässe für Coaching .42
5.1.1 Neue Führungsaufgaben und -rollen .42
5.1.2 Der Wunsch nach Wahrnehmungserweiterung – „Mehr vom Spielfeld sehen" .42
5.1.3 Konstruktive Stressbewältigung .43
5.1.4 Widersprüchlichkeiten in der Führungsrolle .43
5.1.5 Krisen und Umbrüche .43
5.1.6 Begleitung von Führungskräftenachwuchs .44
5.2 Coaching-Themen .44
5.3 Ziele von Coaching .46
5.4 Der Coaching-Kontrakt .46
5.5 Coaching-Formen .48
5.5.1 Die Finanzierung von Coaching – wer zahlt, befiehlt? .48

6. Coachinggeschichten – Fälle und Tools aus der Praxis .52
6.1 Konfliktlösung und Zielvereinbarung – Frau Klemens .53
6.2 Die negative Beurteilung – Frau Dr. Koch .56
6.3 Aktivität und Motivation – Herr Schatz .58
6.4 Struktur und Klarheit – Herr Elberfeld .64
6.5 Ohnmacht und emotionale Intelligenz – Herr Feingold .69
6.6 Familiäre Hintergründe – Herr Dr. Reich .71
6.7 Vertiefungstools .73
6.7.1 Prozessstimulierende Fragen .73
6.7.2 Kritikfähigkeit und emotionale Intelligenz .75
6.7.3 Das persönliche Anerkennungsprofil .78

7. Ein Coaching-Modell .79
7.1 Das Sechs-mal-Drei-Modell .79
7.1.1 Zentrale Themen .79
7.1.2 Die drei inhaltlichen Bereiche jeder Coaching-Sitzung .79
7.2 Die beziehungsdynamische Organigrammanalyse .81
7.2.1 Themenfindung .81
7.2.2 Beziehungsdynamik .81
7.2.3 Auswertungsrichtungen .83
7.2.4 Das dynamische Dreieck .84

8.	**Coaching als Bestandteil von Organisationsentwicklung**	.86
8.1	Konzept: Seminarreihe zum Thema „Führung"	.88
8.2	Der moderierte Erfahrungsaustausch	.96
8.2.1	Voraussetzungen	.97
8.2.2	Grundsätze und Regularien	.99
8.2.3	Zweck und Funktion der Systematik	.99

Verzeichnis der Tools, Abbildungen und Übersichten 100

Literaturverzeichnis 101
Sachregister 103
Zu den Verfassern 105

1. Führungskräfte – einsam an der Spitze

Führungskräfte erhalten oft nicht genug fundiertes Feedback. Gleichzeitig werden sie mit immer komplexeren Anforderungen konfrontiert. Dies gilt fast ausnahmslos für Wirtschaft, Verbände, Politik und Verwaltung, Gesundheits- und Sozialwesen, Medien und auch kirchliche Einrichtungen. Dieser Mangel an qualifiziertem Feedback hat gravierende Folgen auf zwei Ebenen:

- die Führungsqualität und damit das Wohlergehen von Unternehmen und Organisation leiden darunter
- auf der individuellen Ebene kommt es zu Schäden (innere Isolation, unrealistisches Selbstbild oder Schlimmeres), die durchaus vermeidbar wären.

Wesentlicher Bestandteil von Führungskompetenz ist die Fähigkeit, qualifiziertes Feedback zu geben.

Wie sollen Führungskräfte das können, wenn sie selbst zu wenig oder gar kein konstruktives Feedback erhalten? Im beruflichen Umfeld sind sie häufig auf drei Ebenen mit Verhaltensweisen konfrontiert, die förderliche Rückmeldung erschweren. Dies sind:

a) hierarchisch abhängige und somit taktisch agierende Mitarbeiter

b) konkurrierende Kollegen sowie

c) Vorgesetzte, die ausschließlich Erfolg erwarten.

Von PartnerIn und FreundInnen hat die Führungskraft in der Regel auch selten kompetente Beratung zu erwarten. Meistens sind diese damit überfordert; oft wurde der Kontakt zu ihnen auch schon weitgehend der Karriere geopfert. Selbst wenn sich trotzdem urteilsfähige Gesprächspartner finden, wird deren Feedback schnell als Angriff aufgefasst, statt es konstruktiv zu nutzen. Es kommt zum Phänomen „lonely at the top".

1.1 Das Führungsdilemma

Führungskräfte befinden sich in einem elementaren Spannungsfeld, dessen Meisterung über Führungsqualität und Wohlbefinden entscheidet:

- Auf der einen Seite wachsen die objektiven Anforderungen, die Führungskräfte erfüllen sollen – und meist auch wollen – enorm (vgl. Kapitel 2.3.) und sind oft so hoch, dass man sich fragt, wie ein normaler Mensch das alles erfüllen soll. Im Umkehrschluss entsteht daraus der Nimbus des Managers, der alles bewältigt, immer gut drauf ist und dafür hohe Bewunderung genießt.

- Auf der anderen Seite erzeugt gerade dieser Nimbus des perfekten Managers – und das betrifft mehr oder weniger alle Führungsebenen – einige unausgesprochene „große Tabus" (vgl. 1.3). Sie führen zu der permanenten Versuchung, die Binsenwahrheit „Wo Licht ist, ist auch Schatten" außer Kraft zu setzen. Eine Ursache dafür liegt in der Angst an Ansehen zu verlieren, wenn man (und zunehmend auch frau) die Probleme nicht alleine lösen kann.

Wie ausgeprägt und wie akut die geschilderte Problematik sich für die jeweilige Führungskraft darstellt, hängt von vielen Faktoren ab: Persönlichkeitstyp, soziale Vernetzung, Position in der Hierarchie, Branche, Unternehmenskultur. In den Grundzügen wird jedoch fast jede Führungskraft, gleich welcher Hierarchieebene, gleich welchen Sektors – ob profit oder non-profit – und gleich welcher Organisations- oder Unternehmensform sich irgendwann damit auseinandersetzen müssen. Und warum erst warten, bis das Kind in den Brunnen gefallen ist?

Wir beleuchten im Folgenden schlaglichtartig einige oft vernachlässigte Schattenseiten des Manager-Nimbus und skizzieren dann die aktuellen Anforderungen an gute Führung. Wir beginnen bewusst mit den Schattenseiten, da eine weit verbreitete Neigung besteht, sie durch falsch verstandenes „positives Denken" zu verleugnen. Nachdem wir beide Seiten des o.g. Spannungsfeldes markiert und gewürdigt haben, beschreiben wir professionelle Möglichkeiten des konstruktiven Umgangs mit dem aktuellen Führungsdilemma.

1.2 Führungsideale – der perfekte Manager

„Mobilität, Flexibilität, umfassende fachliche Kompetenz, dazu eine gehörige Portion Motivation – das ist es, was den perfekten Manager ausmacht." (Aus einer Buchwerbung für „Life-Leadership"). Obwohl wir alle wissen, dass niemand vollkommen ist (nobody's perfect), wollen wir es irgendwie nicht wahrhaben. Führungskräfte sind auch nur Menschen. Wer würde diesen Satz nicht sofort unterschreiben? Obwohl es sich hier scheinbar um Banalitäten ersten Ranges handelt, werden sie tagtäglich wider besseres Wissen außer Kraft gesetzt.

Der Anspruch an den Manager lautet: Führungskräfte müssen stark, erfolgreich, unbegrenzt belastbar und deshalb auch ständig topfit sein. Dies galt lange Zeit als typisch männliches Verhaltensmuster. Das ist es vielleicht auch. Vieles spricht dafür, dass die Realisierung „weiblicher Führungsideale" menschengerechter wäre. Nur ist es de facto nicht so, dass mit der steigenden Zahl weiblicher Führungskräfte automatisch eine andere Führungskultur um sich greift. Statt dessen erweisen sich die perfektionistischen Ideale als so dominant, dass mittlerweile auch zunehmend weibliche Führungskräfte von ihren Folgen betroffen sind.

Um Missverständnissen vorzubeugen: es geht nicht darum, das Verfolgen von hohen Zielen zu diskreditieren. Ideale werden erst dann problematisch, wenn vergessen wird, was ihr Wesen ist. Ihr Wesen ist die Unerreichbarkeit, deshalb heißen sie ja so. Ein Idealzustand ist per definitionem immer ein imaginäres Ziel. Ein Zustand der anzustreben ist, der aber nie ganz erreicht werden wird. Man kann versuchen, ihm so nahe wie möglich zu kommen, doch wer meint, ihn erreicht zu haben und ihm dauerhaft entsprechen zu können, gefährdet tendenziell sich selbst und andere.

1.2.1 Der Nimbus des Managers – „Ten foot tall and bullet-proof"

Aus dem Erfordernis, ein makelloses Image zu präsentieren – auch wenn es im Inneren der Person anders aussieht – entsteht eine oft fatale Selbstüberschätzung. Im Amerikanischen gibt es dafür eine Redewendung, die das überzogene Selbstbild, das aus Vollkommenheitsansprüchen resultiert, ironisch verbildlicht. „Ten foot tall and bullet-proof" – drei Meter groß und kugelsicher, also der Umwelt weit überlegen und unverwundbar.

Mit ein wenig Abstand betrachtet, wird die Absurdität eines solch illusionäres Erscheinungsbildes offensichtlich. Dennoch wird es in den „harten Realitäten des Geschäftslebens" schnell zum Selbstschutz im Kampf ums berufliche Überleben. Falls Ihnen diese Darstellung übertrieben erscheint, versuchen Sie einmal mit einer Führungskraft – gleich welcher Hierarchieebene – über Führungsschwäche, Bedürftigkeit oder Misserfolge zu reden. Wohlgemerkt, über die eigenen.

Die Personifizierung des Ideals ist das Idol. Herausragenden Führungspersönlichkeiten wird ein Nimbus zugeschrieben, der sie weit über das Normalmaß erhebt. Irgendwann haben sich bei fast jeder dieser Persönlichkeit ungeahnte Schattenseiten offenbart, sei es John F. Kennedy, Nelson Rockefeller oder Willy Brandt. Ganz zu schweigen von Helmut Kohl oder Jürgen Schrempp. Manche Persönlichkeitsmythen wie Lee Iacocca oder Nelson Mandela scheinen noch unangetastet, doch würde man gerade ihnen unrecht tun, wenn man sie als „perfekte" Führer ansähe.

Die wesentliche Frage für jede Führungskraft lautet nicht: „Wie werde ich Lee Iacocca oder Nelson Mandela?" Sondern: „Wie werde ich ich selbst?"

1.3 Die großen Tabus

Die Idealisierung von positiv gewerteten Eigenschaften wie Durchsetzungsfähigkeit, Charisma und unbedingtem Siegeswillen führt logischerweise zur Abwertung der anderen Seite der Medaille. Manchmal gilt es schon als Makel, sie überhaupt zu erwähnen, geschweige denn sie zu würdigen. Dabei gibt es immer eine gegenüberliegende Polarität. Wo Licht ist, gibt es immer Schattenbereiche. Es sei denn in der Wüste.

Ein Buch mit dem Titel „Erfolgreich als Führungskraft" wird sich unzweifelhaft besser verkaufen als „Ursachen für das Scheitern von Managern", obwohl aus dem zweiten vermutlich mehr gelernt werden könnte. Ein Buch über „Den Königsweg zu persönlicher Stärke" wird besser laufen als „Schwächen mit Gewinn nutzen". Allein die entsprechenden Reizwörter führen zu spontaner psychologischer Attraktion oder Aversion.

Auch wir haben uns gefragt, ob es geschickt ist, den „negativen Seiten" soviel Aufmerksamkeit zu schenken. Wir haben uns nachdrücklich dafür entschieden, nicht vordergründigem psychologischem Kalkül, sondern den Erfahrungen aus der Praxis (s.a. Kapitel 6.) den Vorrang zu geben. Sie als LeserInnen haben es nicht verdient, dass wir Ihnen etwas vormachen.

1.3.1 Stärken und Schwächen

Schwächen akzeptieren

Schwäche und Führung – wie passt das zusammen? Die Assoziation zur Führungsschwäche liegt nahe. Welche Schwächen darf sich eine Führungskraft leisten? Die Thematisierung der Schwäche ist keine negative Botschaft. Es kommt darauf an, das Starke *und* das Schwache zu sehen, statt die ungeliebte Seite zu verleugnen. Es ist immer notwendig und nützlich, das Ganze zu sehen und deshalb kann ausschließlich „positives Denken" extrem negative Folgen haben.

Jemand, der mit seinen Schwächen nicht umgehen kann, kann aus seinen Schwächen nichts machen.

Umgekehrt sind möglicherweise die Starken zu feige zur Schwäche. Ein gutes Modell des Umgangs mit der eigenen Schwäche findet sich in den Prinzipien vieler asiatischer Kampfsportarten und Bewegungsmethoden. Dort geht es immer wieder um das Ausweichen und um die Nutzung der Energie des Gegners bzw. Gegenübers. Ein zentrales Prinzip von Coaching besteht darin, Schwächen zu akzeptieren (vgl. Kapitel 3.), ihr Potential zu erkennen und es nutzen zu lernen.

1.3.2 Die Angst vor dem Versagen

Psychologisch betrachtet, ist die Angst vor dem Versagen bei gleichzeitiger Fixierung auf unbedingten Erfolg ein sicheres Rezept für eine Neurose.[1] Früher oder später kommt es zu Abgeschlagenheit und Müdigkeit. Darf eine Führungskraft müde sein? Vielleicht nach besonderen Anforderungen. Darf sie erschöpft sein? Hier wird es schon kritisch. Getrieben vom Ideal („Immer produktiv, aktiv und tüchtig") wird ein solcher Zustand nicht als normaler Zustand des Körpers akzeptiert, sondern als Schwäche angesehen. Wenn die Erschöpfung als normale Reaktion des Körpers über längere Zeit verdrängt, also weder wahr- noch angenommen wird, kommt es zur Depression. Eine depressive Führungskraft? Noch schlimmer. Die Spirale dreht sich weiter. Statt der ursprünglichen Müdigkeit rechtzeitig nachzugeben und dadurch wieder neue Energie zu tanken, begeben sich viele ManagerInnen ins Hamsterrad, in den fortwährenden Zwang, ständig „auf Touren" zu sein.

---

1 Vgl. A. Lowen 1989, S. 278.

„Heute lebt die ‚Generation der Tat', die darauf aus ist, Höchstleistungen zu bringen. Ihr Ideal ist Supermann, fast ein Gott. Unbewusst vergleichen sie sich mit den Maschinen, die das Leben in der Industriewelt beherrschen. Das einzig mögliche Ergebnis dieser Situation ist der Zusammenbruch des Menschen. Sie ermüden durch die Anstrengung, ein unerreichbares Ziel, das Ideal zu erreichen, und werden durch ihren Misserfolg depressiv."[2]

1.3.3 Das Stigma „Misserfolg"

In der brillanten Filmsatire „Das Geld anderer Leute" (Other people's money) über den Turbo-Kapitalismus Ende der 80er Jahre erklärt der Investmenthai Lawrence Garfield seiner Kontrahentin „Das Spiel ist ganz einfach: Sie machen Geld soviel Sie können und so lange Sie können." „Und dann?" „Und dann? Wer am meisten hat, wenn er tot ist, hat gewonnen. Das ist das amerikanische System."

Das Problem besteht nicht darin, Misserfolg möglichst zu meiden und Erfolg zu suchen. Das Problem liegt in der Verabsolutierung von Erfolg. Das Ideal des Erfolges wird zur Illusion, wenn es die Vorstellung beinhaltet, es könne immer nur aufwärts gehen – an der Börse, in der Bilanz, im Betriebsklima, im persönlichen Leben. Jeder weiß, dass alles zyklisch verläuft, doch kaum jemand will es wahrhaben. Was hinaufgeht, *muss* auch wieder herunterkommen („What goes up, must come down").

Herunterkommen wird jedoch mit Scheitern, mit Fallen gleichgesetzt. Deshalb ist es so schwer, sich „Fallen zu lassen". „Das Scheitern ist das große moderne Tabu."[3] Dabei ist das Annehmen des Misserfolgs, die Akzeptanz des *auch* Scheiterns keine Resignation. Sie setzt erst Energien frei und macht sie für Weiterentwicklung verfügbar. Coaching bietet Raum zum Innehalten und zur Reflexion der eigenen Erfolgsverhaltensmuster. Rechtzeitig genutzt, kann es der zeit- und kostenaufwendigen Inanspruchnahme von Psychotherapie vorbeugen.

---

2 A. Lowen 1989, S. 280.
3 R. Sennett 1998, S. 7.

Checkliste „Persönlicher Erfolg als Führungskraft"
- Stehen Sie unter Erfolgsdruck?
- Wer definiert, wann Sie erfolgreich sind?
- Wie definieren Sie für sich Erfolg?
- Was ist für Sie persönlich ein Misserfolg?
- Welche nichtmateriellen Erfolgskriterien sind für Sie gültig?
- Welche Folgen hat für Sie ein Misserfolg?

1.4 Die sogenannten Sachzwänge

Eine beliebte Begründung dafür, keine Schwäche zu zeigen sind die sogenannten Sachzwänge. „Ich kann nicht anders. Ich würde ja gern anders, doch die Verhältnisse, sie sind nicht so." Wer Schwäche zeigt, ist weg vom Fenster. Auch hier gilt das Polaritätenprinzip: Die Bedingungen in Betrieb, Organisation und Gesellschaft machen ungeschütztes Verhalten, Authentizität und soziale Selbstverantwortung tatsächlich oft sehr schwer. Andererseits gilt fast immer, dass es noch eine individuelle Wahlmöglichkeit gibt.[4] In den meisten Fällen gibt es noch unerschlossene Entscheidungspotentiale.

Was den gesamtgesellschaftlichen Rahmen angeht, diagnostiziert der fünffache Dollar-Milliardär *George Soros* eine „Krise des globalen Kapitalismus" und wendet sich in seiner Auseinandersetzung mit dem Zwang des Marktes gegen den von ihm so genannten „Markt-Fundamentalismus":

„In unserer Gesellschaft haben Transaktionen die Beziehungen ersetzt. Die Menschen sehen sich vielen Möglichkeiten gegenüber und sind oft verwirrt. Geld wird nicht als Mittel zum Zweck gesehen, sondern ist selbst zu einem Endzweck geworden. Trotzdem meine ich, dass die Märkte einen Mechanismus bieten, der individuelle Bedürfnisse am besten befriedigen kann. Es gibt jedoch soziale und kollektive Bedürfnisse, die nicht auf den Märkten ihren Ausdruck finden."

Wenn man *Soros* folgt, gibt es keine funktionierende Alternative zur Marktwirtschaft. Gleichzeitig und eben deshalb ist es unerlässlich, diejenigen Komponenten zu stärken, die der reine Markt vernachlässigt. Eine aktuelle

---
4 Vgl. hierzu Pohl/Witt 2000, S. 38ff.

Schweizer Studie von Kiefer/Müller über die „Befindlichkeit in der Chemischen Industrie" kommt zu dem Ergebnis, dass ein primär ertragsorientiertes Denken, in dem das Personal nur als Kostenfaktor angesehen wird, keine tragfähige geistige Basis für unternehmerisches Handeln ist.

„Die derzeit betont vom Shareholder-Value-Denken bestimmte Art und Weise der Unternehmensführung, in der das Unternehmen als soziales Gebilde mit entsprechender sozialer Aufgabe und Verantwortung zu Gunsten konsequenter Ertragsmaximierung in den Hintergrund tritt, erweist sich nicht allein als kontraproduktiv, sondern auch als destruktiv. Und damit auch nicht als nachhaltig anlegerfreundlich."[5]

Im Zuge dieser Entwicklung wird das Management oft als abgehoben und einseitig verpflichtet erlebt und damit als unglaubwürdig empfunden. Die Mitarbeiterschaft fasst das oft als Aufkündigung eines „psychologischen Vertrages" auf. Die Folge ist wachsende Entfremdung. Die Führungskraft ist doppelt betroffen, zum einen durch den Vertrauensverlust der MitarbeiterInnen, zum anderen durch die eigene Entfremdung. Die Kompensation durch Krankheit, Sucht und andere Formen selbstschädigender Stressbewältigung ist vielfach belegt.

1.5 „Help, de manager verzuipt"

Ein Blick auf die Situation in den Niederlanden ist hier durchaus aussagekräftig, da sie einerseits der deutschen stark ähnelt, andererseits US-amerikanische Entwicklungen frühzeitiger antizipiert. Eine landesweite Untersuchung kommt dort zu dem Ergebnis, dass 44% der Manager mehr als sechzig Stunden pro Woche arbeiten.[6] Viele niederländische Führungskräfte sind unglücklich mit ihrer Arbeit. Insbesondere die Orientierung zwischen „nicht nein sagen können" und „zu autoritär sein" fällt ihnen schwer. Das führt zu einem anhaltenden Boom von Beratungsfirmen die Coaching, Training und Lebenshilfe anbieten.

Wenn der Alarmruf bereits lautet: „Help, de manager verzuipt!" („Hilfe, der Manager säuft ab!"),[7] wird deutlich, dass das Unternehmen etwas tun muss.

---

5 Hartmut Volk, Wichtig: Die Gefühle der Mitarbeiter, NW vom 7./8. Juli 2001.
6 A. v. Bergen, 1997, S. 70ff.
7 Smit, S. 40ff.

Denn wem das Wasser bis zum Hals steht, der wird auf Dauer wohl schwerlich seinen Führungsaufgaben gerecht werden. Wenn die Belastung von Führungskräften so weit geht, dass sie sich in der Frage „Leben oder Arbeiten?" zuspitzt, dann ist etwas schief gelaufen. Die Person wurde tendenziell der Funktionalität geopfert und es ist auch im Gesamtinteresse, hier gegenzusteuern. Geld oder Leben ist die Alternative, die das Schiff versenkt. Es gilt nach Möglichkeiten zu suchen, die den konstruktiven Weg „Geld *und* Leben" fördern.

Dazu gibt es viele Möglichkeiten. Es gibt Anti-Stress-Trainings,[8] es gibt gute Management-Trainings, es gibt die Achtsamkeit für sich selbst, es gibt verantwortliche Personalpflege. *Eine* gute Möglichkeit, die die anderen nicht ausschließt sondern sinnvoll ergänzt, ist das Professionalisierungsmodell Coaching.

1.6 Nicht perfekt, sondern gut

Viele Idealbilder wirken letztlich kontraproduktiv, dies gilt um so mehr je idealisierter sie sind. Bevor wir die realen Anforderungen an Führungskräfte näher analysieren, möchten wir den Blick auf die „Schattenseiten" mit einem versöhnlichen Ausblick abrunden.

An eine Führungskraft mit menschlichem Maß sind tatsächlich besondere Anforderungen zu stellen. Diese sind jedoch nicht rigide-perfektionistisch, sondern flexibel-fließend zu verstehen. *Guntern (1995)* entwickelt aus der Antithese von „Dino-Typ" und „Wolken-Typ" den „Schmetterlingstyp" als Führungsmodell.[9]

Herwig-Stenzel benennt einige Beispiele, die einen solchen Führungstyp kennzeichnen:

- „Bereitschaft zu lebenslangem Lernen und längerer Gesamtlebensarbeitsdauer, denn die Halbwertzeit des Wissens sinkt ständig.
- To be a Change Leader: Veränderungen nicht beherrschen, sondern fördern und zulassen.
- Regelmäßiges Hinterfragen der eigenen und der Organisationsaufgaben – Mut zur Innovation und zum Abschaffen.

---

8 Siehe Crisand/Lyon 1998.
9 G. Guntern 1994, S. 187ff.

- Von der Problemlösungstechnik zur Kreativitätsförderung.
- Die Freude am Unerwarteten als Schlüssel zum Erfolg.

Sie sind eine Abkehr von einer traditionellen Führungskultur und deuten teilweise auf einen Paradigmenwechsel hin. Eine solche Führungsarbeit bedarf der führungsunterstützenden Beratung."[10]

---

10 E. Herwig-Stenzel 2001.

2. Führung, Leitung, Management

Es gibt viele fundierte Führungskonzepte. Besonders verwiesen sei hier auf die Arbeitshefte von *Stroebe (1999)* und *Crisand (2001)* in dieser Reihe. Wir beschränken uns an dieser Stelle auf einige zusammenfassende und erweiternde Gedanken die erläutern, wie Führung und Coaching zusammenhängen.

2.1 Leitungskompetenz

Leadership – ganz gleich, ob es um ein Unternehmen, eine politische Einheit, ein Projekt oder auch eine wichtige Sitzung handelt – muss immer beides tun: *führen und managen*. Diese beiden Termini spiegeln zwei Grundfunktionen von Leitung wider.

Für Leitungsfunktionen aller Art gilt daher die Unterscheidung in
- *Führungsfunktionen* wie Kommunikation, Moderation, Unterstützung, Herausforderung, Inspiration und
- *Managementfunktionen* wie Planung, Organisation, Ausführung, Kontrolle, Auswertung.

Führungs*fähigkeit* und Management*fertigkeiten* sind dementsprechend die beiden tragenden Pfeiler von Leitungskompetenz.

„Führung bezeichnet den dynamischen Prozess, in dem es uns gelingt, Mitarbeiter dazu zu bringen, ihre Energie einzusetzen, ihr Potential zu nutzen, ihrer Zielstrebigkeit freien Lauf zu lassen und sich selbst aus der Reserve locken zu lassen, um Ziele zu erreichen. Führen fordert heraus, riskiert, treibt an, inspiriert, unterstützt und schenkt Visionen. Das Ergebnis wahrer Führung ist Vertrauen, Anerkennung und Loyalität.

Management bezeichnet dagegen den gestalterischen Prozess, wie Arbeit organisiert und erledigt wird. Management beinhaltet Planung, Organisation, Ausführung, Kommunikation, Kontrolle und Auswertung. Die Verantwortung des Managements bezieht sich auf das, was herauskommt. Manager produzieren Ergebnisse."[11]

---

[11] Bents/Blank 1997, S. 116.

> Leitungskompetenz beinhaltet immer
> - *eine soziale Grundkomponente (Führung) und*
> - *eine technische Grundkomponente (Management).*
>
> Management betrifft die Arbeit, Führung betrifft die Menschen.

Die Begriffe Führungskraft und Manager werden sowohl in der Alltagssprache als auch in der Literatur oft synonym gebraucht werden. Auch wenn wir oben deutlich zwischen den beiden Grundfunktionen unterschieden haben, schließen wir uns hier der Sprachkonvention an und verwenden beide Begriffe synonym.

2.2 Führung ist keine Technik

Es ist oft die Rede von „Führungstechniken". Auf dem Hintergrund der Unterscheidung zwischen Management und Führung ist dieser Begriff problematisch. Tatsächlich bedient sich Managementkompetenz spezieller Techniken und nutzt *Wirkungsmechanismen*, während Führungskompetenz auf der Kenntnis und Beherrschung psychologischer, sozialer und soziokultureller *Wirkungszusammenhänge* beruht.

Operational betrachtet lässt sich sagen: Für Management sind Organisationstalent und Techniken entscheidend. Führung braucht in erster Linie Kompetenzen und in zweiter Linie Methoden.

Dementsprechend wird Führungskompetenz anders erworben und gepflegt als Managementkompetenz. Während letztere durch Studium, Schulung und Unterweisung entsteht, braucht erstere die kontinuierliche Entwicklung der Persönlichkeit in Bezug zum professionellen System.

An dieser Stelle ergibt sich der Bedarf an Coaching. Manchmal beruht Führungskompetenz auf Naturtalent oder Charisma. In den meisten Fällen allerdings, wird sie durch harte Arbeit an sich selbst erworben. Und diese Arbeit an sich selbst wird wesentlich durch Coaching reflektiert, gefördert und unterstützt. *Führungskompetenz kann nicht durch Unterweisung erworben werden.* Der entscheidende Unterschied zwischen Coaching einerseits, Schulung und Unterweisung andererseits ist:

- Schulung richtet sich auf die Sachebene.
- Coaching richtet sich auf die Beziehungsebene.

Führungskompetenz ist Rückkoppelungskompetenz. Für qualifiziertes Feedback benötige ich gute Selbstkenntnis, um die eigenen und die fremden Anteile auseinanderhalten zu können.

Führungsqualität beruht nicht auf Technik, sondern auf Kompetenzerwerb.

2.3 Gute Führung

Was ist der Unterschied zwischen einem Inhaftierten und einem Vorgesetzten? Der eine oder andere Chef, der seinen Job als Zwangsjacke empfindet, wird jetzt möglicherweise denken: „So groß ist der Unterschied gar nicht, ich fühle mich oft in meiner Bewegungsfreiheit sehr eingeschränkt." Der eine oder andere humorlose Leser mag jetzt denken: „Welch dumme Frage, über so ein ernstes Thema macht man keine Witze". Die zugegebenermaßen etwas saloppe Antwort auf die obige Frage lautet: *Der Inhaftierte wird bei guter Führung vorzeitig entlassen, der Vorgesetzte bei schlechter Führung.*

Sicherlich gibt es Unternehmen, die schlechte Führung tolerieren oder ignorieren. Doch eine gut funktionierende, erfolgreiche Organisation, in der sich die Menschen wohl fühlen, kann es sich nicht leisten, Führungsqualität zu vernachlässigen. Wer hier nicht gut führt und seine Führungskompetenz weiterentwickelt, wird sich auf Dauer nicht in seiner Position behaupten können. Gute Führung? Klingt gut. Aber was genau ist damit gemeint?

Zwischen Haltung und Führung besteht ein enger Zusammenhang. Führungsarbeit ist immer auch eine Einstellungs- oder Haltungsfrage. Der Sozialmanager *Herwig-Stenzel* stellt dazu drei zentrale Fragen:[12]

- „Wie können Führungskräfte von ihren MitarbeiterInnen verlangen, dass sie mit mehr Lust an Veränderungsprozessen mitwirken, wenn sie selber als Führungskräfte keine Lust haben?
- Wie können wir von MitarbeiterInnen verlangen, dass sie sich entwickeln, wenn Führungskräfte selbst nicht bereit sind, uns zu entwickeln?

---

12 E. Herwig-Stenzel 2001, S. 8.

- Wie können wir von MitarbeiterInnen verlangen, dass sie eine Selbstverantwortungskultur mit entwickeln, wenn wir Führungskräfte keine Selbstverantwortung vorleben?"

> **Checkliste „Gute Führung"**
> - Wie sind Ihre Erfahrungen mit guter Führung?
> - Wird gute Führung im oben genannten Sinne in Ihrer Organisation belohnt?
> - Wird sie vielleicht ignoriert?
> - Wird sie eventuell sogar bestraft?
> - Wer kümmert sich in Ihrer Organisation um Führungsqualität?
> - Welche Mittel und Wege, welche Instrumente stellt Ihre Organisation dazu bereit?
> - Wie werden sie finanziert?
> - Wieviel ist gute Führung Ihrer Organisation wert?

2.4 Die Rolle der Führungskraft im Wandel

Crisand beschreibt den Wandel, dem die Qualifikation von Führungskräften zur Zeit unterworfen ist.[13] Die Veränderungen der sozioökonomischen Rahmenbedingungen, der dominanten Schlüsseltechnologien und der allgemein akzeptierten Wertvorstellungen erzeugen und verstärken das eingangs erwähnte Grunddilemma. Gerade Führungskräfte stehen im Spannungsfeld von Informationsüberflutung („information overload") und wachsender Entscheidungsunsicherheit.

Der rasante Wandel ist real. Die relative Hilflosigkeit und tendenzielle Überforderung bei seiner Bewältigung drückt sich u.a. darin aus, dass aller Orten floskelhaft vom ihm die Rede ist. Die Süddeutsche Zeitung hat die entsprechende Flut sprachlicher Leerformeln kürzlich in einer „Immer-mehr-Beilage" karikierend aufs Korn genommen. Wir verzichten daher lie-

---

13 Crisand 2001, S. 94ff.

ber auf extensive Aufzählungen der wachsenden Herausforderungen und fassen einfach zusammen:

„Die Führungskraft muss in Zukunft in der Lage sein, ökonomisch-technische Rationalität mit sozialer Emotionalität zu verbinden, um somit Unternehmensziele plausibel vermitteln zu können."[14] Mit *Crisand* ziehen wir daraus den Schluss, dass ManagerInnen zukünftig „ihre wichtigsten Eigenschaften weniger in Fachkompetenz und Expertentum, als vielmehr in den folgenden fünf Faktoren finden:

- Ambiguitätstoleranz
- Beherrschen effizienter Lerntechniken
- Aufgeschlossenheit gegenüber neuen Methoden
- Menschenführung und Kommunikationsfähigkeit
- Loyalität."

Wer die benannten Anforderungen nicht als Worthülsen an sich vorbeirauschen lässt und sie statt dessen ernst nimmt – wie wir es tun – sollte einen Moment innehalten um sich auch nur ansatzweise vorzustellen, unter welchem Druck Führungskräfte stehen.

Nobody's perfect – niemand ist vollkommen. Aber welche Führungskraft gesteht sich und anderen das wirklich zu?

2.5 Gute Führung braucht Coaching

Im Kontext von Leitung bezieht sich Coaching vorrangig auf Führung, also auf deren soziale und psychologische Dimension im oben skizzierten Sinne (2.1). Das schließt keineswegs aus, dass es im Coaching um die Erreichung von Zielen geht. Es schließt auch nicht aus, dass es im Coaching um funktionale, also betriebliche, organisatorische und ökonomische Zielerreichung geht.

Entscheidend ist jedoch der Ansatzpunkt und das sind im Coaching immer die „soft skills". Auch wenn ein technologisches Ziel, also ein Ziel auf der Managementebene angestrebt wird, stehen im Coaching die sozialpsycho-

---

14 Crisand 2001, S. 98.

logischen und kommunikativen Faktoren im Vordergrund. Die Frage lautet dann: Inwieweit ist die Qualität dieser Faktoren förderlich oder hinderlich für das Erreichen der gesetzten Ziele?

Generell gibt es zwei Ebenen von Zielen, die oft nur vordergründig voneinander zu trennen sind – organisatorische und persönliche. Betont sei hier ausdrücklich, dass die Entwicklung der Persönlichkeit auch ein Wert an sich ist. Sie darf nicht nur aus der zweckrationalen, letztlich wirtschaftlichen Perspektive betrachtet werden. Der Mensch ist nicht dem Mammon untergeordnet. Und Coaching kann oft gute Dienste dabei leisten, das in Erinnerung zu rufen. Oft wird Coaching jedoch von Organisation oder Unternehmen finanziert und schon von daher besteht die *Koppelung beider Zielebenen*.

Das in diesem Buch vorgestellte Coaching-Modell berücksichtigt drei zentrale Ziel-, Feedback- und Kompetenzebenen:

- *Führungssouveränität* (versus Rigidität oder Laissez-faire-Stil)
- *Kollegialität* (versus destruktives Konkurrenzverhalten)
- *„Untergebener sein können* oder wie helfe ich meinem Chef" (versus Verstrickung in Autoritätskonflikte).

Im Einzelnen geht es dabei um Potentialanalyse, Vergleich von Selbst- und Fremdbild, die Reflexion von Werten und inneren Überzeugungen, die Entwicklung realistischer Visionen und profilbildender Fähigkeiten, die Umsetzung von Führungsleitbildern in Alltagssituationen sowie Pflege und Erhalt des psychischen Wohlbefindens.

3. Coaching als Unterstützung von Führungskompetenz

Jeder der Führungsverantwortung trägt oder mit Kunden und Klienten arbeitet, kann Coaching zur Qualifizierung und Weiterentwicklung seines beruflichen Handelns nutzen. Wie und unter welchen Bedingungen kann Coaching praktisch durchgeführt werden und wie funktioniert es? Im Folgenden beschreiben wir Rahmenbedingungen, Tools und Fallschilderungen aus der Praxis.

Definitionen zur Frage „Was ist Coaching?" gibt es an vielen Stellen. Interessierte seien hier die auf die ausführlichen Darstellungen bei *Fallner/ Pohl*, insbesondere auf die Coachingdefinitionen für Einsteiger, Ökonomen und Beratungsprofis[15] sowie „Coaching als professionelle Begegnung"[16] verwiesen. Weiter unten (3.5) fassen wir wesentliche Merkmale eines umfassenden und nachhaltigen Coachingverständnisses zusammen.

Es gibt nicht *das* allgemein gültige Coachingkonzept und daher ist es nicht einfach, sich in der Vielfalt der Angebote zu orientieren. Vereinfacht gesagt lassen sich zwei Grundvarianten unterscheiden, die einander nicht ausschließen, sondern als Grundpräferenzen zu verstehen sind.

- Die eine Variante ist eher ganzheitlich orientiert und bezieht kreative Medien, körperlichen Ausdruck und spirituelle Gründung in die Arbeit ein. Sie ist eher für Menschen und Organisationen mit intuitiven und gefühlsmäßig wahrnehmenden Grundpräferenzen geeignet (gemäß MBTI wären dass die N-, F- und P-Typen, vgl. 3.3).
- Die andere Variante, die in diesem Buch vorgestellt wird, arbeitet im Wesentlichen mit sprachlichem Dialog und klassischen Visualisierungsmethoden wie Flipchart, Metaplan und Overhead. Sie wird von Menschen und Organisationen mit sinnlich-rationalen und analytisch-beurteilenden Grundpräferenzen bevorzugt (gemäß MBTI die S- und T-Typen, vgl. 3.3).

Achtung! Bei polaren Modellen, sind immer beide Seiten vorhanden und wirksam. Es geht um Präferenzen, nicht um Ausschließungen. Insofern können auch die beiden Coachingvarianten einander gut ergänzen.

---

15 Fallner/Pohl 2001, Coaching mit System, S. 19ff.
16 Ebenda, S. 101ff.

3.1 Selbstkenntnis

Die Verbesserung von Selbstkenntnis ist zwar nicht immer die *Ausgangsmotivation* für Coachingprozesse, doch lässt sich mit ziemlicher Sicherheit sagen, dass Selbst(er)kenntnis der *Dreh- und Angelpunkt* für die nachhaltige Verbesserung von Führungsqualität ist.

Crisand operationalisiert dies in drei zentralen Fragen, die sich jede Führungskraft stellen sollte:
1. Wie bin ich?
2. Wie verhalte ich mich?
3. Wie wirke ich?

Die erste Frage lässt sich noch durch Selbsterforschung, Selbstreflexion oder beispielsweise durch das Ausfüllen von Tests einigermaßen beantworten.

Auf die zweite Frage trifft dies noch mit Einschränkungen zu, da das Verhalten schon im sozialen Raum stattfindet und sich auf Interaktionen mit anderen Menschen bezieht. Dies gilt in besonderem Maße für Führungsverhalten.

Die dritte Frage „Wie wirke ich?" ist ohne Feedback nicht zu beantworten. Wir brauchen dazu die Spiegelung von außen.

3.2 Spiegelungen

Ein Spiegel ist noch kein Wert an sich. Er kann auch zur Pflege von Eitelkeit beitragen. Folglich sind Qualität und Funktion des Spiegels nicht zu unterschätzen. Wie kann ich sicher sein, dass es kein Zerrspiegel ist, dass er nicht getrübt ist?

> Die Qualität des Spiegelbilds hängt von der Qualität des Spiegels ab.

3.2.1 Zerrspiegeleffekte oder Trübungen

Wenn abhängige Untergebene als Verhaltensspiegel genutzt werden, besteht die Gefahr der Lobhudelei oder der Retourkutsche, je nach momentaner

Machtbalance. Bei der Spiegelung durch nahe Verwandte oder Freunde ist oft Rücksichtnahme im Spiel. Auch die große Nähe kann zur Verzerrung führen. Je näher ich mich vor den Spiegel stelle, desto kleiner wird der Ausschnitt, den ich von mir sehe.

3.2.2 Qualitätsspiegel

Ein objektiv richtiges Spiegelbild wird es nie geben. Subjektive Faktoren lassen sich bei sozialer Interaktion nicht ausschalten. Es kann nur darauf ankommen, ein möglichst wirklichkeitsnahes Abbild zu bekommen, um die eigene Wahrnehmungs- und Handlungsfähigkeit zu erweitern.

Die Wahrscheinlichkeit eines treffenden Spiegelbildes ist am größten wenn entweder

- eine unbekannte Gruppe (z.B. eine Trainings-, Beratungs- oder Seminargruppe) oder
- ein qualifizierter professioneller Berater (Coach oder SupervisorIn)

hinzugezogen wird. Noch besser ist die Kombination von beidem.

3.3 Führungstypen

In Führung und Beratung, erst recht in Führungsberatung und Coaching, ist es sehr nützlich, bestimmte Grundtypologien zu kennen, sie sich bewusst zu machen und mit ihnen zu arbeiten. Bei allen Einschränkungen und berechtigten Einwänden gegen Schubladen-Denken kann die Kenntnis und Identifikation bestimmter Grundtypologien sehr hilfreich sein. Sie hilft, zu beurteilen, ob der richtige Mensch am richtigen Platz ist. Sie hilft, fremde Verhaltensweisen besser einzuschätzen, vielleicht sogar vorherzusehen und – was am wichtigsten ist – mit Ihnen umzugehen.

3.3.1 Eine flexible Typologie

Jeder Mensch hat Neigungen und Muster, die sein Verhalten in Alltagssituationen beeinflussen oder bestimmen. Das gilt besonders für professionelle Interaktionen. Eine Leitfrage für die Beschäftigung mit Persönlichkeitstypologien lautet: Wie können Menschen, die miteinander arbeiten, ihre Neigungen so einsetzen, dass Beziehungen mit anderen verbessert und gute Zusammenarbeit ermöglicht wird?

Als zuverlässiges und bewährtes Modell gilt zunehmend der Myers-Briggs Typenindikator (MBTI), der auch dazu geeignet ist, Führungstypen und Coachingtypen zu identifizieren. Er beschreibt menschliches Verhalten in vier Dimensionen mit jeweils zwei polaren Ausprägungen, die mit Buchstabenkürzeln gekennzeichnet werden.

> Sehr wichtig dabei ist es, sich stets vor Augen zu halten, dass es sich immer um Präferenzen handelt. Jede Person verfügt immer über beide polare Funktionen und benutzt sie auch, verlässt sich aber in aller Regel auf die jeweils dominante.

Der MBTI ist ein ausdifferenziertes Instrument, mit dem sich 16 Grundtypen bestimmen und durch ein wissenschaftlich fundiertes Testverfahren validieren lassen.[17] An dieser Stelle kann nur ein vereinfachtes Grundmodell vorgestellt werden. Die Abbildung verdeutlicht, dass – ausgehend von der mittleren Position – immer beide Persönlichkeitspräferenzen vorhanden sind.

---

17 Näheres hierzu bei Bents/Blank 1997.

Typen-Indikatoren nach MBTI

Energiegewinnung und Motivation
Wie tanke ich am besten auf und „komme zu mir"?
außenorientiert (E) _____**0**_____**innenorientiert (I)**
(durch Begegnung und Umweltreize)   (durch Rückzug und Kontemplation)

Informationsverarbeitung
Wie nehme ich meine Umwelt war?
sinnlich (S) _____**0**_____ **intuitiv (N)**
(über konkrete Einzelheiten)   (durch inneren Einblick)

Entscheidungsfindung
Wie schätze ich Menschen, Ereignisse und Umstände ein?
analytisch (T) _____**0**_____ **gefühlsmäßig (F)**
(aus dem Kopf)   (aus dem Bauch)

Einstellung zur Außenwelt
Wie begegne ich meiner Umwelt?
beurteilend (J) _____**0**_____ **wahrnehmend (P)**
strukturiere und   versuche ich, für
bewerte ich spontan?   alle Eindrücke offen zu bleiben?

Für eine erste Selbsteinschätzung empfiehlt es sich, eine Positionsbestimmung mittels eines Kreuzes auf jeder der Achsen vorzunehmen, um dann die jeweils dominante eigene Funktion zu vergegenwärtigen. Zur Vertiefung der Selbsteinschätzung, bedarf es des qualifizierten Feedbacks durch Außenstehende, idealerweise durch einen Coach.

3.3.2 Beispiele für Führungstypen

Nach *Bents/Blank* besitzt jeder Mensch Eigenschaften, die für eine Führungsposition notwendig sind. Dennoch scheint es ihnen bei der Typologisierung von Wirtschaftsführern aus aller Welt so, als wenn in erster Linie analytische (T) und urteilende (J) Typen an die Spitze vordrängen. Wenn man sich hier die eingangs getroffene Unterscheidung von Führung und Management (2.1) ins Gedächtnis ruft, ergibt sich ein differenzierteres Bild.

> Wirklich aufschlussreich ist nicht die Frage: „Welcher Typ ist am besten für Leitungsaufgaben geeignet?", sondern die Frage: „Auf welche Weise zeigt jeder Typ Führungsqualitäten?"

Zur Veranschaulichung seien hier vier Kerntypologien wiedergegeben, denen prominente Persönlichkeiten zugeordnet werden.[18] Auch wenn die Sympathien unterschiedlich verteilt sein mögen – es gilt immer zu bedenken, dass keiner der Typen höherwertig als ein anderer einzuschätzen ist und seine jeweiligen Stärken sich je nach konkreter Situation erweisen.

- Zum Typ des bürokratischen Organisators mit ausgeprägter Wahrnehmungs- und Analyse-Funktion (ST) würden danach beispielsweise Helmut Kohl, Margaret Thatcher und Henry Ford zählen.
- Beispiele für den Typ des freundlichen Verhandlungspartners mit dominanter Wahrnehmungs- und Gefühlsfunktion (SF) wären Boris Jelzin, Franz von Assisi und Dwight Eisenhower.
- Für den Typ des unternehmerischen Architekten mit intuitiv-analytischer Präferenz (NT) stünden Marie Curie, Carl Gustav Jung und Friedrich Nietzsche.
- Als kollegialer Katalysator mit bevorzugter Intuition und Gefühlsfunktion (NF) könnten Jimmy Carter, Vaclav Havel oder Hans-Dietrich Genscher stehen.

3.3.3 Das Coaching der unterschiedlichen Führungstypen

Die unterschiedlichen Führungstypen haben unterschiedlichen Coaching-Bedarf bzw. sind individuell anzusprechen.

Außerdem ist es wahrscheinlich, dass zu bestimmten Führungstypen je nach Eigenart bestimmte Beratungsansätze oder Beratertypen besser oder schlechter passen.

---

18 Vgl. Bents/Blank 1997, S. 117ff.

Das Coaching der verschiedenen Führungstypen fasst die gegenwärtig bevorzugten Persönlichkeitsfunktionen nicht als Einschränkung oder Begrenzung auf. Vielmehr geht es darum

1. sich selbst und die differierenden Typen besser zu verstehen, um effektiver mit ihnen in (Arbeits-)Beziehungen zu treten und
2. bei sich selbst weniger entwickelte Funktionen ins Verhaltens- bzw. Führungsrepertoire zu integrieren, ohne die eigene Grundpräferenz zu leugnen.

3.4 Die Funktionen von Coaching

Ein Grundprinzip im Coaching ist die „Unterstützung der anderen Seite" (vgl. 1.3.1). Wenn der Coachee sehr rational orientiert ist, wird der Coach hier anknüpfen (Anschlussfähigkeit) und dann die Aufmerksamkeit auf die emotionale Seite lenken und umgekehrt. Wenn der Coachee ein Gewohnheitsmensch ist, wird es irgendwann um Flexibilität gehen. Wenn er ständig neue Projekte beginnt und sie nicht zuende führt, wird Stabilität zum Thema werden.

Eine wichtige Polarität lässt sich in diesem Zusammenhang zwischen Führungskräften im Profitsektor einerseits, im Non-Profit-Sektor andererseits feststellen. Während in „der Wirtschaft" zweckrationales, sachlogisches Denken und Handeln hohe Priorität hat, sind psychosoziale und kommunikative Kompetenzen oft nur sehr rudimentär entwickelt. Hier ist oft sogar unbekannt, was beispielsweise eine *Ich-Botschaft* ist.

In sozialen und pädagogischen Handlungsfeldern ist es oft umgekehrt. Die Führungskräfte dort sind schon von der Ausbildung her in Selbstreflexion einigermaßen geübt und verfügen über relativ hohe soziale Kompetenz. Dafür tun sie sich meistens sehr schwer mit Zielvereinbarungen und betriebswirtschaftlichem Vorgehen.

Hier hat Coaching die wichtige Funktion der Integrationshilfe. Der Coach sollte sich in beiden Bereichen auskennen (vgl. Kapitel 4.) und auch hier die jeweils andere Seite unterstützen.

Weitere wichtige Funktionen von Coaching sind

- Persönlichkeitsbildung im organisatorischen Bezugsfeld
- Unterstützung (für die Bedürftigkeit der Starken)

- Herausforderung (gegen die Macht der Gewohnheit)
- Entlastung (Achtsamkeit für Psychohygiene).

3.5 Coaching als umfassendes Professionalisierungsmodell

Coaching ist ein umfassendes, branchen- und sektorenübergreifendes Professionalisierungsmodell. Als zeitgemäßer Beitrag zur Gestaltung von Arbeitssystemen wird es zunehmend von Betrieben und Organisationen im Profit- und im Non-profit-Sektor angewendet.

Zielgruppen von Coaching sind

- Einzelpersonen in verantwortungsvollen Positionen (Führungs- oder Beratungsfachkräfte) sowie
- organisatorische Subsysteme (Gremien, Teams, Projektgruppen) in Wirtschaft, Verbänden, Politik und Verwaltung, Gesundheits- und Sozialwesen, Medien und kirchlichen Einrichtungen.

Prinzipiell kann jeder, der Führungsverantwortung trägt oder mit Kunden und Klienten arbeitet, Coaching zur Qualifizierung und Weiterentwicklung seines beruflichen Handelns nutzen.

- Coaching ist ein zeitgemäßes Mittel der Innovation von Management und Organisation. Es trägt zum Wandel von Organisations- und Unternehmenskultur bei, indem es auf Effizienz *und* Humanität zielt.
- Coaching ist ziel- und bedarfsorientiert. Es dient der Steigerung von Prozess- und Ergebnisqualität.
- Unverzichtbare Zieldimension von Coaching ist die Humanisierung der Arbeit.
- Coaching sieht Arbeitsbeziehungen im Einflussfeld organisatorischer Strukturen (System), persönlicher Eigenarten (Biographie), der Auseinandersetzung mit Sinnfragen (Leitbilder) und im Blick auf größere soziale Zusammenhänge (gesellschaftliche Verantwortung).
- Coaching ist eine erprobte und humanwissenschaftlich fundierte Methodik zur Erreichung dieser Ziele. Coaching trainiert Erfolgsstrategien und stabilisiert vorhandene Fähigkeiten und intendiert die gezielte Förderung der aktiven Persönlichkeit. Es setzt das Potential von Menschen zur Maximierung ihrer eigenen Leistung frei.

- Coaching hilft eher zu lernen als das es etwas lehrt.
- Coaching ist Maßnahme der Personalentwicklung, die sich perfekt auf den Einzelnen zuschneiden lässt.
- Coaching ist Unterstützung für „Freud und Leid im Beruf".
- Nachhaltige Produktivitätssteigerung und Produktverbesserung werden am besten erreicht, wenn es gelingt, sie in Einklang mit den individuellen Bedürfnissen nach Anerkennung, Sinn und Selbstverwirklichung zu bringen. Deshalb verzichtet Coaching auf Psycho-Tricks zur kurzsichtigen Leistungssteigerung oder Motivationsmanipulation.
- Coaching ist psychisch entlastende Begleitung, indem es bei der Erreichung individueller und organisatorischer Ziele sowie bei der Reflexion der eigenen Leitungs- und Beratungstätigkeit unterstützt.
- Die Qualifizierung zum Coach sollte ein humanwissenschaftlich fundiertes Interventionstraining für Beratungs- und Unterstützungsprozesse beinhalten, das Selbsterfahrung im Sinne einer grundlegenden Auseinandersetzung mit der eigenen Person einschließt. Ferner sollte sie die beiden Grundvarianten von Coaching berücksichtigen (vgl. Kapitel 3.), ca. 30 Tage umfassen (vgl. www.pohlvision.de) und immer Situationen aus der beruflichen Praxis der TeilnehmerInnen zur Arbeitsgrundlage haben.

4. Der professionelle Coach

Was muss ein Coach können? Wie sollte seine Qualifikation aussehen? Was sollte er nicht tun? Was zeichnet einen guten Coach aus? Woran kann man das erkennen?

4.1 Die Rollen des Coach

Aus den Funktionen von Coaching (vgl. 3.4) ergeben sich die Aufgaben, die ein Coach zu erfüllen hat und seine seine Rollen. Coaching ist kein therapeutisches Setting, sondern ein Prozess mit gleichwertiger Zuständigkeit und Verantwortung der Beteiligten. Der Coach ist und bleibt dabei „Chef des Beratungssettings".

Ein wirksamer Coach hat immer die Rolle des Grenzgängers. Er muss in der Lage sein, die Systemgrenze fortwährend in beiden Richtungen zu überschreiten. Manchmal geht er in das zu coachende System und gehört für eine begrenzte Zeit dazu. Dann geht er wieder – bildlich gesprochen – hinaus, um die Außensicht nicht zu verlieren. Daraus ergibt sich eine grundlegende Polarität, in deren Spannungsfeld er agieren muss – die Polarität von Fremdheit und Zugehörigkeit.

Auf der Basis der beschriebenen Elementarrolle *Grenzgänger* kann der Coach folgende relevante Rollen einnehmen:

- Spiegel für Person und System
- wissender Vermittler statt Wissensvermittler
- Entwicklungshelfer statt Lehrer
- Sparringspartner
- ganzheitlich verstehender Konflikt-Analytiker
- positiver Querdenker
- einfühlender Ermutiger
- Hofnarr. „Der Coach ist ein Agent der Umwelt, vergleichbar dem Hofnarren früherer Tage, der den Mächtigen unangenehme Wahrheiten sagen darf und muss. Denn von einer bestimmten Ebene ab gibt es im Unternehmen kein Feedback mehr, sondern nur noch politisches Verhalten".[19]

---

19 Huck, zitiert nach Rauen 1999, S. 26.

4.2 Was ein Coach nicht sein sollte

- Ein Coach ist kein Lehrer, denn für den Coachee gilt der Grundsatz „lernen ohne dass etwas gelehrt wird". Belehrung hemmt die Eigenaktivität.
- Ein Coach ist erst recht kein Guru (was ja ursprünglich nur die fernöstliche Bezeichnung für Lehrer ist). Wenn er sich selbst auf einen Sockel stellt, verdient er es gestürzt zu werden. Wenn der Coachee ihn idealisiert, gilt der Grundsatz „Triffst du Buddha unterwegs..."[20] Ein Coach ist weder Besserwisser noch Retter.
- Ein Coach ist nicht der bessere Vorgesetzte. Er ist Chef des Settings, nicht Chef der Organisation.
- Ein Coach ist auch nicht der verlängerte Arm des Chefs. Er darf nicht gegen die Interessen des Auftraggebers handeln, ist aber auch kein Erfüllungsgehilfe für Führungskräfte und kein Notnagel zur Reparatur von Führungsfehlern.
- Ein Coach ist kein Alibi für Untätigkeit oder Versäumnisse innerhalb der Organisation.

4.3 Coaching-Kompetenz

Um all diesen Anforderungen gerecht zu werden, benötigt der Coach eine Qualifikation, die auf drei Säulen beruht:
1. Arbeit an sich selbst und damit einhergehende ständige Entwicklungs- und Reflexionsbereitschaft
2. professionalisierte soziale Kompetenz
3. Berufs- und Lebenserfahrung.

(1) Die Bereitschaft zur grundlegenden Auseinandersetzung mit der eigenen Person ist eine entscheidende Voraussetzung für Coaching-Kompetenz. Der Coach kann nicht als Spiegel dienen, wenn er selbst keine Spiegel nutzt. Wer sich nicht selber professionell beraten lässt, ist nicht geeignet, dies bei andern zu tun.

Wer sich nicht coachen lässt, darf nicht coachen.

---

20 „...töte ihn." Vgl. S. B. Kopp, 1983.

(2) Jeder verfügt über soziale Kompetenz, viele Menschen sogar in besonderem Maße. Um andere professionell – also nachhaltig, stabil und mit gleichbleibender Qualität – beraten zu können, braucht es jedoch mehr. Eine fundierte Qualifizierung zum Coach[21] umfasst Entwicklung und Training von Subjektkompetenz, Rollenkompetenz, Systemkompetenz, Methodenkompetenz und Veränderungskompetenz.[22] Eine solche Ausbildung muss als mittelfristiger Prozess angelegt sein.

(3) Gerade in den Bereichen der Unternehmens- und Organisationsberatung bewegen sich erstaunlich viele Menschen, die noch keine dreißig Jahre alt sind, mitunter sehr viel wissen, aber nicht über die obengenannten Kompetenzen verfügen. Woher auch? Selbstverständlich ist Alter kein Garant für Erfahrung, doch ist ein gewisses Maß an persönlicher Erfahrung im Umgang mit Krisen, Konflikten und Umbrüchen, mit den „Höhen und Tiefen des Lebens" für den Coach wesentlich wichtiger als schnelles Wissen und smartes Auftreten.

Der Coach sollte außerdem in der Lage sein, mit den beiden Grundpolaritäten „ökonomische-zweckrationale" und „soziale-kommunikative" Paradigmata umzugehen (vgl. 3.4). Bei Coachees aus dem Profit-Bereich muss er die Bedeutung guter Kommunikation besonders betonen, bei solchen aus dem Non-Profit-Bereich muss er mehr die Seite der Effizienz repräsentieren. Dazu braucht er als Grundlage natürlich gute Kenntnisse und Kompetenzen in beiden Bereichen.

4.4 Der perfekte Coach

Auch ein Coach hat Schwachpunkte, sonst wäre er kein Mensch. Der Perfektionserwartung an den Manager entspricht oft eine Perfektionserwartung an den Coach, und sei es ungewollt. Wenn beides unreflektiert zusammentrifft, kommt es schnell und unversehens zur illusionären Überhöhung.

Dies kann selbst einem erfahrenen Coaching-Experten passieren, wie das folgende Beispiel zeigt. Nach *Rückle* ist der Coach von grandioser mentaler Stärke, die er aus der Einheit von Körper und Geist, aus umfassender körperlicher und geistiger Fitness bezieht. Er befindet sich in einem „Zustand,

---

21 Zur Coaching-Ausbildung siehe Fallner/Pohl 2001, u.a. S. 212.
22 Näheres dazu bei www.pohlvision.de.

in dem weder Angst noch Stress von Bedeutung sind. Es gibt keine Hemmungen und Blockaden ... Dieser körperlich und seelisch lockere und entspannte Zustand erzeugt ein Gefühl von Mühelosigkeit bei allen Aufgaben, Tätigkeiten, ja, im gesamten Verhalten."

Der Coach als Business-Ausgabe von Superman? Gegenüber solch fragwürdiger und kontraproduktiver Idealisierung ist auch hier ein Plädoyer für das menschliche Maß angebracht. Auch ein Coach muss weder immer gut drauf sein, noch alles können. Er muss nicht immer die Situation beherrschen, nicht immer Souveränität und Charisma vor sich her tragen.

Im Gegenteil – aus dem Umgang mit Schwächen, daraus wie der Coach sie ins Positive wendet, kann der Klient lernen. Ein vermeintlich vollkommener Coach kann vielleicht Ehrfurcht und Bewunderung erzeugen – wahrscheinlich erzeugt er auch latente Minderwertigkeitsgefühle (Inferioritätserleben). Ferner kann ein als extrem überlegen und übermächtig erlebter Coach entweder Abhängigkeit oder Abwehrimpulse – als zwei Kehrseiten einer Medaille – hervorrufen.

Ein energiemobilisierender Erfolgsfaktor, sowohl für die Führungskraft als auch für den Coach, besteht in der *Fähigkeit, die eigene Person anzunehmen*. Das beinhaltet bei aller Arbeit an sich selbst auch die Akzeptanz eigener Schwächen sowie die Versöhnung mit bestimmten Defiziten und ungeliebten Eigenschaften. Es gibt immer etwas, das sich nie beseitigen, ausmerzen oder „wegcoachen" lassen wird.

> Wenn der Coach die Schwächen bei sich selbst leugnet, wird er es auch dem Klienten schwer machen, die eigenen Schwachpunkte zu akzeptieren.

4.5 Förderliche Grundhaltungen

Wichtiger als Tools, Techniken und Methoden der Selbstpräsentation sind Grundhaltungen, die der Coach glaubwürdig verkörpern sollte.
- Gelassenheit als Fähigkeit des Zulassens und auch Loslassens.
- Beweglichkeit im Umgang mit überraschenden Situationen und Entwicklungen – „Leben ist das, was passiert während du eifrig dabei bist, andere Pläne zu machen." *(John Lennon).*

- Fehlerfreundlichkeit – eine Null-Fehler-Strategie verlangt nicht, keine Fehler zu machen, sondern erkannte Fehler nicht weiterzugeben.
- Ambiguitätstoleranz – eine Grundhaltung, die in der Lage ist, auch akzeptierend mit Denk- und Handlungsweisen des Coachee umzugehen, die nicht mit den Wertvorstellungen des Coaches übereinstimmen, ihnen vielleicht sogar widersprechen.

4.6 Wer führt, darf nicht coachen?

Die vorliegende Darstellung geht durchgängig vom Coach als externem Berater aus. Es gibt auch andere Konzeptionen, die unter den Stichworten „Mitarbeiter-Coaching" oder „der Chef als Coach" Coaching als neuen Führungsstil begreifen. Zu diesem Coaching-Verständnis gibt es in Literatur und Praxis zwei gegensätzliche Auffassungen.

- Die Pro-Variante rechnet Coaching zu den konsultativ-kooperativen Führungskonzepten. Aus dieser Sicht versuchen Vorgesetzter und Mitarbeiter, „die Ursachen für suboptimales Arbeitsverhalten zu diagnostizieren".[23] Die Führungskraft baut hier eine konstruktive zwischenmenschliche Beziehung zum Mitarbeiter auf, die von Empathie, Wertschätzung, Kongruenz und Intentionalität gekennzeichnet ist. Als Instrument der Personalentwicklung und -pflege, geht es dabei in erster Linie um „das Bewahren und Gesunderhalten der Mitarbeiter und des Unternehmens".[24]
- Die Contra-Position geht davon aus, dass innerhalb der hierarchischen Vorgesetztenbeziehung per se kein wirkliches Coaching möglich sei, da kein sanktionsfrei, vertrauensvolles Klima entstehen könne. Ferner würde durch Chefs mit Coaching-Ambitionen in aller Regel die erforderliche Kompetenz fehlen, die ja (vgl. 4.3) gezielt erworben werden müsse. Aus dem Zusammenwirken beider Faktoren folgern die Vertreter dieser Position: „Mitarbeiter-Coaching ist Schönwetter-Management. Nicht krisentauglich. Das funktioniert nur bei Friede, Freude, Eierkuchen."[25]

---

23 Brinkmann 2000, S. 11.
24 Ebenda, S. 26.
25 So der Coach M. B. Wölkner.

Die Ziele der Befürworter sind wünschenswert, die Einwände der Skeptiker sind nachvollziehbar. Für uns folgt daraus, dass Coaching im eigentlichen Sinne tatsächlich nur von externen Coaches durchgeführt werden kann. Dennoch können Führungskräfte Coaching-Elemente sinnvoll verwenden, wenn sie sich a) über die obigen Einwände im Klaren sind und sich b) selber coachen lassen. Auch hier gilt wieder das Grundprinzip „Polaritäten integrieren" – optimal ist demnach ein interner coaching-orientierter Führungsstil, der von externem Coaching begleitet wird.

5. Coaching konkret – Rahmenbedingungen

5.1 Anlässe für Coaching

Wann ist Coaching indiziert, sinnvoll oder gar notwendig? Im Folgenden beschreiben wir einige typische Ausgangslagen, bei denen es in Anspruch genommen wird.

5.1.1 Neue Führungsaufgaben und -rollen

Fusionen, Reorganisationsmaßnahmen, immer flachere Hierarchien verändern häufig die über Jahre verinnerlichte Führungsrolle ebenso wie die gewohnten Aufgaben. Dabei sollen Führungskräfte weiter Vorbild sein und Orientierung geben, obwohl sie selber verunsichert sind. Die entsprechenden Gefühle werden häufig ignoriert oder sogar geleugnet. Coaching hilft hier, diese Gefühle neu wahrzunehmen und zu akzeptieren um sie als Führungshilfen nutzen zu können. Beispielsweise können Führungskräfte, die emotional sensibel sind, Ängste ihrer Mitarbeiter um Arbeitsplätze deutlich besser verstehen und motivieren.

5.1.2 Der Wunsch nach Wahrnehmungserweiterung – „Mehr vom Spielfeld sehen"

Je höher eine Führungskraft in einer Organisation steigt, je häufiger spielt Strategie und Taktik, kurz als „Politik" beschriebene eine Rolle. Auf diesem Weg verlieren Führungskräfte immer mehr echte Feedbackgeber, die ihnen Orientierung darüber geben, wie sie auf andere wirken und wie sie wirklich wahrgenommen werden. Sie sind immer mehr „in sich eingekapselt" und richten sich danach ihre Wirklichkeitskonstruktion ein. Hier liegt eine häufige Ursache von Fehlentscheidungen („hätte ich das geahnt, ... mit mir hat ja niemand gesprochen, ... man kann nicht alles vorhersehen").

Coaching sorgt hier dafür, sich Zeit für eine ganzheitliche (rationale *und* emotionale) Sichtweise zu nehmen, aus der sich immer wieder neue Handlungsalternativen entwickeln können.

5.1.3 Konstruktive Stressbewältigung

Viele Führungskräfte sind es gewohnt überdurchschnittlich viel zu leisten und dabei über ihre Grenzen zu gehen. Oft haben Führungskräfte ein sehr unscharfes Bild dieser Grenzbereiche und üben sich gewissermaßen in der Überforderung, die sie dann als „normal" wahrnehmen.

Hier hilft Coaching die Grenzen so wahrzunehmen und zu thematisieren, dass die Balance zwischen beruflicher und privater Dynamik und die Setzung der individuellen Prioritäten immer wieder neu überprüft wird. Der Coach ist hier in erster Linie als wohlwollend-kritischer Begleiter gefragt, der auch die Maßstäbe, Wertvorstellungen und Ansprüche der Führungskraft auf den Prüfstand stellt. Verfügt der Coach darüber hinaus über ein Repertoire von Selbstmanagementmethoden, Arbeitstechniken und Zeitmanagement, können diese als Tools (vgl. Kapitel 6.) unterstützend in den Coachingprozess einfließen.

5.1.4 Widersprüchlichkeiten in der Führungsrolle

Durchsetzungsstark *und* konsensfähig, loyal *und* eigenständig, renditeorientiert *und* menschlich zugänglich – so widersprüchlich können die Erwartungen von Unternehmen und Mitarbeitern an ihre Führungskräfte sein. Den Rahmen für ihr eigenes Handeln müssen sie sich meistens selbst erarbeiten – und scheitern am täglichen Spagat zwischen eigenen Wertvorstellungen, den Vorgaben der Unternehmensleitung und den Erwartungen der Mitarbeiter. In diesem Fall kann der Coach der Führungskraft dabei helfen, Klarheit über die eigenen Werte und Ziele zu erlangen, Widersprüche im Denken und Handeln, Reden und Moderieren aufzuzeigen. Unvereinbar erscheinende Rollen werden transparent und können abgegrenzt oder integriert werden.

5.1.5 Krisen und Umbrüche

Kündigung, Trennungen und nicht vorhersehbare Änderungen wie der Tod wichtiger Menschen können uns zutiefst erschüttern. Plötzlich gerät unser Selbstbild in Zweifel. Scheinbar „erfolgreich" verdrängte Ängste tauchen wieder auf. Wir beginnen uns in Frage zu stellen. Statt in übliche Abwehrstrategien und negative Routinen zu verfallen (Verdrängung, Rückzug, Regression) kann Coaching bei der Bearbeitung und Integration dieser Ereignisse Unterstützung anbieten.

5.1.6 Begleitung von Führungskräftenachwuchs

Häufig besteht die alleinige Unterstützung von jungen Führungskräften im Besuch von Seminaren. Hier werden wichtige Werkzeuge und auch Einstellungen vermittelt, die den Nachwuchskräften Orientierung und Ideen geben. Coaching ergänzt diese notwendigen, aber zu unspezifischen Qualifikationen um die individuellen Anteile von Förderung: Fallanalysen und Prognose, Teamdynamik und die Entwicklung von geeigneten Interventionen *ganz konkrete Fall*.

Coachingprozesse bei jungen Führungskräften sollten mindestens ein Jahr dauern, damit der Coachee konkrete Begleitung und Unterstützung in längeren Veränderungsdynamiken erfährt.

5.2 Coaching-Themen

Wenn die Führungskraft sich für einen Coaching-Prozess entschieden hat – und die eigene Entscheidung ist hier unverzichtbar – können je nach Bedarf und Interesse Schwerpunktbereiche beleuchtet werden. Die folgenden Fragen sollen Impulse und Ideen zur Profilbeschreibung in sieben wesentlichen Bereichen liefern. Sie sind bewusst im Präsens formuliert, da Beschreibungen in der Vergangenheitsform häufig eine rein betrachtende Haltung begünstigen – die Dinge sind ja passiert und lassen sich nicht ändern.

Fragelandkarte Coachingthemen – Tool 1

1. Inhalte und Ziele – Standortanalyse der erlebten beruflichen Situation
– In welcher Position erlebe ich mich?
– Möchte ich diese Position beibehalten oder verändern?
– Was muss ich tun, um meine Situation beizubehalten (Hygiene?)
– Was muss ich tun, um meine Situation zu ändern (Strategie)?

2. Potentiale
– Welche Potentiale schreibe ich mir zu?
– Was tue ich, um diese beizubehalten, zu verbessern oder neue Potentiale zu erschließen?

3. Arbeitsfelder
– In welchen Arbeits- bzw. Tätigkeitsfeldern bin ich engagiert?
– Sind sie stabil oder in Veränderung?
– In welchem Tempo verändern sich Bedingungen?

4. Berufliche Identität
– Wie formuliere ich meine individuelle berufliche Identität heute?
– Was gefällt mir gut?
– Was möchte ich ändern?
– Welche neuen Impulse sind mir wichtig?

5. Orientierung
– Gibt es für mich Leitbilder, die mir Orientierung geben?
– Sind dies Personen?
– Sind dies Organisationen?
– Sind es Theorien oder Glaubenssätze?

6. Refresh der inneren Überzeugungen
– Welche Überzeugungen habe ich?
– Wie setze ich diese konkret um?
– Woran erkennen andere meine Überzeugungen?

7. Kundenorientierung
– In welchem Maß integriere ich Kenntnisse aus Bereichen der Kundenorientierung?
– Bin ich überzeugt?
– In welchen Anteilen „tue ich nur so", um den Anforderungen der Organisation gerecht zu werden?
– Was möchte ich hier beibehalten, verbessern oder neu gestalten?

5.3 Ziele von Coaching

Coaching ist entwicklungsorientiert, beziehungsorientiert und zielorientiert. In vielen Coachingsequenzen wird mit und an Zielvereinbarungen gearbeitet. Ziele sind eine wesentliche Triebkraft menschlichen Handelns. Am Erreichen von Zielen wird oft der Erfolg gemessen. Doch Zieldefinitionen sind abstrakt, Wege zum Ziel sind erfahrbar. Coaching hat hier auf die Balance von Weg und Ziel, auf die Verbindung von Ergebnisqualität und Prozessqualität zu achten.

Zielformulierungen in Coachingprozessen – Tool 2

1. Ziele sollten positiv formuliert sein.

   „Wo wollen Sie hin?"

   „Was soll künftig der Fall sein?"

2. Ziele sollen konkret und genau definiert werden.

   „Wie genau wird es aussehen"?

3. Ziele können sinnlich wahrnehmbar und von außen erkennbar sein.

   „Woran erkennt eine dritte Person, dass Sie Ihr Ziel erreicht haben"?

4. Ziele können aus eigenen Mitteln erreichbar sein.

   „Kann ich das Ziel mit meinen Kompetenzen erreichen"? (Fachlich; persönlich; finanziell.)

5. Ziele sind kontextsensibel.

   „Passt das Ziel in mein Lebenskontext"?

   „Passt das Ziel in meinen beruflichen Kontext"?

5.4 Der Coaching-Kontrakt

Als professionelle Beratung beruht Coaching immer auf einem Vertrag, der zwischen den Beteiligten geschlossen wird – dem Coaching-Kontrakt. Dieser Kontrakt muss nicht unbedingt schriftlich fixiert werden. Die Form und Exaktheit der Dokumentation des Kontraktes kann sich je nach Coaching-Form (vgl. 5.5) und Situation unterscheiden. Wenn es sich um einen Dreiecks-Kontrakt handelt, bei dem die Organisation das Coaching finanziert, empfiehlt sich immer die Schriftform. Ein „wasserdichtes" Beispiel für einen solchen formalen Kontrakt folgt weiter unten.

Je nach Ausgangslage können wir 1. geschlossene und 2. offene Kontraktierungen unterscheiden.

1. Bei Kontraktierung mit interner Zielvereinbarung bespricht der Coach mit dem Coachee die Themen, die während des Coachingprozesses im Vordergrund stehen sollen. Diese Themen werden schriftlich formuliert und ergeben in der Praxis häufig einen ungefähren Fahrplan. In der Regel stehen Konflikte oder Situationen, die als unklar erlebt werden, im Vordergrund. Sehr oft erlebt der Coachee sich als Opfer einer Situation, die ihm schon mehrmals begegnete und die er gerne bearbeiten möchte.

2. Bei offenen Formen der Kontraktierung werden zunächst nur die Rollenverteilung und die Rahmenbedingungen vereinbart. Zu letzteren gehören das Setting, die Räumlichkeit, das Honorar und der erste Zeitabschnitt. Inhaltlich werden Ausgangspunkte benannt, die sich im Verlauf des Coachingprozesses weiterentwickeln können.

In beiden Fällen kann es vorkommen, dass der Coachee zunächst versucht, die Verantwortung für das was geschehen soll an den Coach zu delegieren und ähnlich wie in Fortbildungsseminaren mit der Frage „ich warte mal ab, was passiert" in die Situation geht (vgl. 6.4 „Herr Schatz"). Hier bieten sich zwei grundlegende Interventionsmöglichkeiten zur Klärung der Verantwortungsteilung an:

Wenn der Coachee kein Thema hat
- *Die psychologische Intervention*: Klärung auf der Metaebene (Klarlegung der Verantwortlichkeit: Coachee für die Themen – Coach für die Prozessgestaltung).
- *Die pragmatische Intervention*: Vorstellung des eigenen Coachingkonzeptes möglichst anhand von Visualisierungen (besonders falls dem Coachee professionelle Beratungssettings noch unbekannt sind).

In vielen Fällen wollen die Organisationen Einfluss auf den Coachingprozess ihrer Mitarbeiter nehmen. Dies ist durchaus legitim, wenn die Finanzierung vom Unternehmen übernommen wird. Die Kontraktphase findet dann mit einem Organisationsvertreter, meistens dem Vorgesetzten, statt.

Diese Variante wird meist als Dreiecks-Kontrakt, manchmal auch als „Kontraktphase mit externem Zielmanagement" bezeichnet. In einem offenen Gespräch formulieren Coachee und Führungskraft die zu behandelnden

Themen, wie z.B. den Wunsch eines Hauptabteilungsleiters an den Teamleiter, er solle echte Führungsaufgaben „mehr" und operatives Geschäft „weniger" realisieren. Konkrete Beispiele helfen und geben der Rückmeldung eine gewisse Prägnanz im oft noch unklaren Feld der Erwartungen. Wenn der Coach bemerkt, dass sowohl Vorgesetzte/r als auch Coachee noch über wenig Rückmeldekompetenz verfügen, wird er das Gespräch moderat steuern und Klärungshilfen anbieten.

Im Folgenden ist ein Beispiel für einen Coaching-Dreier-Kontrakt abgedruckt.

5.5 Coaching-Formen

Coaching wird hauptsächlich in den Formen Einzel-, Team-, Gruppen- und Projektcoaching durchgeführt. Der Begriff Systemcoaching bezeichnet keine eigenständige Form, da nachhaltige Beratung sich immer auf Systeme bezieht *(vgl. Fallner/Pohl, 2001)*. Zum einen handelt es sich auch bei Einzelpersonen um komplexe Systeme, außerdem stehen sie immer im Bezug vielfältiger Vernetzungen und Abhängigkeiten, die im Coaching thematisiert werden müssen. Die beziehungsdynamische Organigrammanalyse (vgl. 7.2) stellt ein gutes Beispiel dafür dar.

Da es unter der Fokussierung auf die Führungskraft in der Regel um Einzelcoaching geht, ist der deutliche Hinweis auf systemische Bezüge nicht unwichtig. Der Bezug auf die Grundlagen erfolgreicher Teamarbeit *(Pohl/Witt 2000)* ist immer dann wichtig, wenn der Coachee mit Teamführung zu tun hat.

5.5.1 Die Finanzierung von Coaching – wer zahlt, befiehlt?

Wie schon oben erwähnt, kann die Finanzierung von Coaching starken Einfluss auf Formen, Inhalte und last but not least auf die Auswahl des Coaches nehmen. Hier sind drei Varianten zu unterscheiden:

a) Die Organisation finanziert das Coaching und behält sich die Auswahl des Coaches vor. Das ist gängige Praxis bei vielen Personalabteilungen. Der Vorteil für den Coachee ist vorwiegend finanzieller Art, mögliche Nachteile liegen im Vertrauensaufbau zum Coach und daraus folgend in niedriger Rückkopplungs- und Wirkungsintensität.

b) Die Organisation finanziert das Coaching und überlässt es dem Coachee, sich den Coach seiner Wahl zu suchen. Diese Variante zeugt von großem Vertrauen seitens der Organisation und verbindet für den Coachee inhaltliche und finanzielle Vorteile.

c) Der Coachee finanziert das Coaching selbst und tritt in freie Verhandlung mit dem Coach. Diese Variante kommt dem Marktprinzip am nächsten und gewährleistet am ehesten gegenseitige Sorgfalt beim Zustandekommen einer tragfähigen Coaching-Beziehung. Für Coach und Coachee hat diese Variante finanzielle Nachteile, da Einzelpersonen meist weniger zahlungskräftig sind als Betriebe. Ein nicht zu unterschätzender positiver Effekt liegt darin, dass der Coachee bekundet, dass ihm die Arbeit an sich selbst auch materiell etwas wert ist.

Zwischen diesen drei Grundformen sind Mischvarianten möglich, etwa Teilfinanzierungen oder eine Filterfunktion der Organisation bei der Wahl des Coaches. Bei den Honorar-Kosten für Coaching, gibt es eine enorme Bandbreite. In Literatur und Management-Magazinen ist oft von immensen Summen die Rede, da heißt es beispielsweise: „Mein Tagessatz liegt bei 8000 DM und mehr."[26] Abgesehen davon, dass solche Zahlen einerseits übersteigerter Selbst-PR dienen und andererseits natürlich nicht zu überprüfen sind, ist festzuhalten, dass gerade im Businessbereich hier tatsächlich oft eine Menge Geld fließt.

Generell lässt sich sagen, dass im Profit-Sektor – logischerweise – andere Preisspannen gelten, als für den öffentlichen und den Non-Profit-Bereich. Wichtig ist hier die Feststellung, dass Coaching keine Exklusivveranstaltung für Konzernchefs ist, die für alle anderen zum unbezahlbaren Luxus zählt. Führungs- und Beratungskräfte aller Ebenen und Bereiche können es in Anspruch nehmen – und es sich in der Regel auch leisten. Die Coaches mit den Spitzenhonoraren sind im Übrigen nicht immer die mit den besten Ausbildungen.

---

26 Horst Rückle, zitiert nach „die Geschäftsidee" I–99, S. 25.

Abb.: „Coaching-Dreier Kontrakt"
Institut für Management Entwicklung / Bielefeld
Michael Wunder

Coaching
– Kontrakt –

_____

Herr / Frau (Coach / SupervisorIn DGSv)

_____

Herr / Frau (TeilnehmerIn)

_____

Organisation

Es werden insgesamt _____ Sessions vereinbart.

Eine Coaching Session besteht aus einem ½ Beratertag.

1. Die Coachingtermine finden an folgenden Tagen statt:
    1. Termin: _____ Ort: _____   6. Termin: _____Ort: _____
    2. Termin: _____ Ort: _____   7. Termin: _____Ort: _____
    3. Termin: _____ Ort: _____   8. Termin: _____Ort: _____
    4. Termin: _____ Ort: _____   9. Termin: _____Ort: _____
    5. Termin: _____ Ort: _____

2. Inhalte und Schwerpunkte des Coachings sind:
    _____
    _____
    _____
    _____

3. Folgende Arbeitsformen werden vereinbart:
    o Ergebnisprotokolle
    o Verlaufsprotokolle
    o Schriftliche Vorbereitung der Sessions
    o

4. Methodische Vorgehensweise:
    o Reflektierendes Beratungsgespräch
    o Fallcoaching
    o Fachcoaching
    o Konzeptreflektion
    o Strategiereflektion

- o Organigrammanalyse
- o Sonstiges: _____

Das Coaching wird mit einem Auswertungsgespräch beendet. Über dieses Auswertungsgespräch wird ein Protokoll verfasst.

Coach und TeilnehmerIn verpflichten sich zur Verschwiegenheit gegenüber Dritten.

- o Coach und TeilnehmerIn stehen außerhalb des Coachings in keiner Beziehung zueinander.
- o Coach und TeilnehmerIn stehen außerhalb des Coachings in einer Arbeitsbeziehung zueinander, die den Coachingprozess nicht behindert.

Die Coachinginvestition wird gesondert in Form eines schriftlichen Angebotes zwischen IME Bielefeld und den Teilnehmern bzw. Organisationen verhandelt.

Unterschriften:

_____ , _____
Herr / Frau (Coach/SupervisorIn)   Ort und Datum

_____ , _____
Herr / Frau (TeilnehmerIn)   Ort und Datum

_____ , _____
Organisation (VertreterIn der Organisation) Ort und Datum

Verteiler

- o Coach
- o TeilnehmerIn
- o DienstvorgesetzteR
- o Institut für Management Entwicklung
- o Sonstige _____

6. Coachinggeschichten – Fälle und Tools aus der Praxis

Im Folgenden werden Fälle aus der Coaching-Praxis geschildert, um exemplarisch zu veranschaulichen, was im Coaching thematisiert wird, wie damit umgegangen wird und welche Lösungsmöglichkeiten sich dabei entwickeln können. Die beschriebenen Personen und Situationen sind soweit anonymisiert, dass die tatsächlichen Akteure nicht identifizierbar sind. Die Namen sind fiktiv, die Vorgänge haben sich so ereignet.

> Coaching bietet einen geschützten Raum und garantiert Vertraulichkeit.

Wir beschreiben sowohl kurze Sequenzen, als auch ausführliche Fälle mit detaillierter Darstellung der verwendeten Methoden (Tools). Wenn wir einerseits betonen, dass Führung keine Technik ist (2.2), andererseits von „Coaching-Tools", also Werkzeugen sprechen, so ist das nur ein scheinbarer Widerspruch. Die Methoden, die vorgestellt werden, funktionieren nur unter der Voraussetzung, dass der Kontakt stimmt. Wenn der Coach sie beziehungslos anwendet, werden sie nicht wirksam.

Der Begriff des „Tools" kann ohne diese Klarstellung leicht missverstanden werden. Wir verwenden ihn dennoch, da er in vielen Bereichen gebräuchlich ist und den Beteiligten oft ein Gefühl von Sicherheit und Griffigkeit vermittelt.

Einige Fallschilderungen beinhalten eine Fülle von Tools, andere kein einziges. Damit soll noch einmal unterstrichen werden, dass Coaching sich nicht an vorgegebenen Rastern orientieren kann. Der Coach muss die Methoden je nach Ausgangslage und individueller Problemlage situativ einsetzen – also weder als Selbstzweck, noch um eigene Unsicherheiten zu überspielen.

> Coaching braucht Fingerspitzengefühl und gutes Werkzeug. Doch ohne gute Ausbildung und viel Erfahrung bleibt beides wirkungslos.

6.1 Konfliktlösung und Zielvereinbarung – Frau Klemens

Frau Klemens ist Führungskraft in einer Aussendienstabteilung. Seit geraumer Zeit fällt Ihr die Arbeit immer schwerer. Aktueller Anlass ist der Konflikt mit einer Mitarbeiterin, dem sie immer weniger aus dem Weg gehen kann. Weil sie mit der betreffenden Person privat befreundet ist, schlagen zwei Herzen in ihrer Brust. Als Freundin fällt es ihr sehr schwer, die berufliche Problematik (die Kollegin arbeitet zu langsam und zu unkonzentriert) mit ihr gemeinsam anzugehen.

Frau Klemens berichtet, sie habe diesbezüglich schon einige Anläufe unternommen, ihre Freundin akzeptiere die Kritik jedoch nicht und sei mit der eigenen Arbeit zufrieden. Hinzu kommen Beschwerden anderer Mitarbeiter, die im wahrsten Sinne des Wortes für die Kollegin mitarbeiten müssen und sie deshalb mittlerweile als Belastung erleben. Sie richten ihren Unmut inzwischen auch gegen Frau Klemens, da diese als Vorgesetzte dem Konflikt aus dem Wege geht. Frau Klemens steht in Ihrer Arbeit unter hohem Erfolgsdruck. Einerseits sind die Vorgaben der Geschäftsleitung hoch, gleichzeitig bröckelt die Stimmung im Team immer mehr.

Im Coachingprozess bittet der Coach Frau Klemens, einzelne Arbeitsschritte und Aufgaben zu formulieren und sie anschließend den einzelnen Mitgliedern ihres Teams zuzuordnen. Dabei wird deutlich, das es ihr nur wenig möglich ist, präzise Angaben über Qualitäten und Quantitäten zu formulieren. Es stellt sich heraus, dass die gesamte Organisation weder über Zielvereinbarungen noch über ausformulierte Stellenbeschreibungen verfügt. Neue Mitarbeiter werden eher schlecht als recht eingearbeitet.

Frau Klemens wird bewusst, das es keinerlei Kontrakte und Vereinbarungen über Art und Umfang der erwarteten Leistungen und Haltungen ihrer Mitarbeiter gibt. Teamarbeit wird zwar ständig proklamiert, doch ist bei genauerer Betrachtung niemandem klar, wie sie gelebt und ausgefüllt werden soll. Weiterhin stellt sich heraus, dass in letzter Zeit viele Mitarbeitergespräche zwischen den Beteiligten immer emotionaler geführt werden. Im Nachklang bleibt immer eine gewisse Unschärfe und Unklarheit.

An dieser Stelle lenkt der Coach die Aufmerksamkeit auf die Gefühle von Frau Klemens. Sie erlebt die Unschärfe aktuell als ärgerlich und „wütend machend". Möglicherweise gehe es ihren Kollegen ähnlich, nur traue sich niemand, dies offen anzusprechen. Vielleicht fühle sich sogar jeder alleingelassen. Der Coach gibt nun Raum, über die Gefühle, die Frau Klemens

schon lange Zeit aufgestaut hat, zu sprechen. Dabei werden folgende Themen deutlich:
- Traurigkeit über die zunehmende Distanz zu ihrer Freundin.
- Ohnmacht und Wut über die Anforderungen der Geschäftsführung.
- Unsicherheit darüber, ob sie ihr Team gut führe und anleite.
- Ärger darüber, das sie die Dinge (Gespräche) so lange hat schleifen lassen.
- Ärger über ihre unprofessionelle Führung zum Thema MBO (Management by Objectives).

Als Konsequenz aus diesen Erkenntnissen wünscht sich Frau Klemens durch das Coaching:
- Begleitung während des gesamten Prozesses der Einführung von Zielvereinbarungen.
- Reflexionsmöglichkeit über beginnende Mitarbeitergespräche.
- Unterstützung durch fachliche Inputs.

Im weiteren Verlauf des Coachingprozesses werden die Zielvereinbarungen in den entsprechenden Arbeitsbeziehungen zwischen Frau Klemens und ihren Mitarbeitern sowie zu ihrer Führung bearbeitet.

Ein Fachbaustein gibt in Coachingprozessen häufig Orientierung und Klarheit. Außerdem kann er initial Veränderungsmotivationen auslösen und die Kraft geben, eigene Rollen zu professionalisieren.

Im ersten Schritt bearbeitet der Coach mit Frau Klemens Kriterien für Zieldefinitionen. Es entsteht folgende Checkliste, die im weiteren Coachingverlauf Orientierung und Struktur gibt.

Systematische Zielvereinbarung – Tool 3

1. Was ist das beabsichtigte Ziel?
    Ist es präzise beschrieben?
    Was ist als Ergebnis, Endprodukt bzw. erwünschte Verhaltensweise definiert worden? (Wege zu diesen Ergebnissen sind keine Ziele!)
2. Wie ist das angestrebte Ziel zu kontrollieren?
    Wie können Sie hinreichend genau feststellen, ob das Ziel (Ergebnis, Endprodukt, erwünschte Verhaltensweise) erreicht wurde? Wie ist es messbar bzw. beobachtbar?

3. Lässt sich das Ziel mit anderen Zielen vereinbaren? Z.B. mit den Zielen
   - *des Mitarbeiters*
   - *seiner Stellenbeschreibung*
   - *seiner Abteilung und*
   - *seines Unternehmens?*

   Zielhierarchie entwickeln: Was hat im Zweifelsfall Vorrang?
4. Wird das Arbeitsgebiet durch Ziele vollständig abgedeckt oder gibt es Lücken?
5. Ist das Ziel wirklich wichtig?
   Was passiert, wenn es nicht errreicht wird?
6. Ist das Ziel eine Herausforderung?
   Weder leicht erreichbar noch unrealistisch hoch?
7. Ist das Ziel positiv formuliert?
8. Wer muss mitwirken, um das Ziel erreichen zu können?

Die Einführung von Zielvereinbarungen zwischen Frau Klemens und ihren Mitarbeitern lösten – und lösen heute noch – umfangreiche Dynamiken innerhalb der Organisation aus. Zwei Mitarbeiter verliessen die Abteilung, da sie die definierten Aufgaben nicht mehr akzeptieren wollten. Bei drei Mitarbeitern wurden vorhandene Konflikte so aktualisiert, dass sie die Zielvereinbarung als Einmischung in ihren Arbeitsprozess erlebten. Frau Klemens konnte sie dennoch durch mehrere intensive Gespräche von der Notwendigkeit der Zielvereinbarung überzeugen. In manchen Fällen mussten die Mitarbeiter liebgewonnene Freiräume aufgeben. Da sie sich dies anfangs nicht eingestehen wollten, hatten sie zunächst versucht, durch die Installation eines Konflikts „Einmischung der Führungskraft" davon abzulenken.

Sowohl die größere Transparenz der einzelnen Tätigkeiten, als auch die höhere Klarheit in der personalen Zuordnung wirkte sich nach Frau Klemens positiv auf das Klima der Abteilung aus. Sie erlebt ihre Abteilung inzwischen als ruhiger und konzentrierter. Auch in Stressphasen sind die Mitarbeiter zunehmend zuversichtlicher, was sich auf die internen und die externen Kundenbeziehungen positiv auswirkt.

Des Weiteren nimmt Frau Klemens bei manchen Personen ein gestiegenes Selbstbewusstsein wahr. Bei der Delegation von Tätigkeiten, die früher ungefragt hingenommen wurde, müsse Sie heute „sauberer" mit den Mitarbeitern argumentieren. Sie beschreibt dies auch als neue Anstrengung. Neulich habe die Geschäftsführung sie in einem Workshop wohlwollend auf das veränderte Klima angesprochen. Sie erlebe einige Mitarbeiter als „professioneller".

Die freundschaftliche Beziehung zu der eingangs erwähnten Mitarbeiterin kühlte merklich ab. Frau Klemens hatte ihre Freundin schon seit längerem geschützt, indem sie die Problematik der schlechten Leistung nicht ansprach. Im Lauf des Coaching-Prozesses veränderte sich das anfangs erlebte Gefühl von Unsicherheit in aktuellen Ärger über sich selbst. Sie beschließt, künftig als Führungskraft klarer zu handeln, auch wenn die Beziehung private Anteile beinhaltet.

Am Ende des Coachingprozesses hat Frau Klemens noch zwei Anliegen:

– Sie fürchtet das Abwandern einiger Mitarbeiter, die sich nun darüber klar werden könnten, dass sie eine Verwaltungstätigkeit mit hohem Kontrollprofil, jedoch mit niedrigem Kreativitätsprofil ausüben.

– Sie möchte die Entwicklung der Abteilung über einen längeren Zeitraum verfolgen (Nachhaltigkeit).

Um diese beiden Anliegen noch einmal mit professioneller Begleitung zu reflektieren, verabredet Frau Klemens mit dem Coach, sich in acht Monaten zu einer Auswertung zu treffen.

6.2 Die negative Beurteilung – Frau Dr. Koch

Frau Dr. Koch ist Teamleiterin im Innendienst. Ihr sind zwölf MitarbeiterInnen unterstellt. Die in der Organisation durchgeführte Beurteilung fällt für sie negativ aus. Die Personalabteilung vermittelt ein Coaching-Angebot und Frau Dr. Koch willigt ein. Es kommt zu einem Kontraktgespräch zwischen ihr, einem Vertreter der Personalabteilung und dem Coach.

Auf die Frage des Coachs, was denn im Einzelnen vorgefallen sei, bricht Frau Dr. Koch in Tränen aus. Sie verstehe das alles nicht, sie sei doch immer positiv mit den MitarbeiterInnen umgegangen und habe sich immer für deren Probleme interessiert. Ihre Darstellungen sind immer wieder von heftigen Emotionen begleitet.

Frau Dr. Koch entscheidet sich, einen Coachingprozess in Anspruch zu nehmen. Da es sich um einen Dreiecks-Kontrakt handelt, werden die unterschiedlichen Interessen der beteiligten Parteien offen angesprochen:

- Frau Dr. Koch will eine Stärkung der eigenen Rolle und Unterstützung.
- Die Personalabteilung will eine Verbesserung der Wirkung von Frau Dr. Koch im KollegInnenkreis sowie ein besseres Ergebnis bei der nächsten Beurteilung.
- Der Coach benötigt Zugang zu allen wichtigen Informationen und Kontextbezügen, die im Zusammenhang mit der Beurteilung stehen.

Es wird ein Coachingprozess von mindestens sechs Sessions vereinbart.

In der ersten Sitzung wirkt Frau Dr. Koch erleichtert: die seit langem angestaute Energie habe sich nach dem Kontrakt-Meeting schon etwas gelöst. Seit sie den Schritt getan habe, darüber zu sprechen, fühle sie sich deutlich entkrampft.

Nach dieser Einleitung geht es um die negativen Rückmeldungen, die sie erhalten hat. Sie lauten beispielsweise:

- Sie kümmere sich nicht um die wirklichen Probleme in der Abteilung.
- Sie könne sich gegenüber Ihrem Chef zuwenig durchsetzen.
- Sie rede zuviel und mache zuwenig.

Bei der Bearbeitung der Rückmeldungen wird schnell deutlich, das die Formulierungen sehr allgemein gehalten sind.

Der Coach lässt sich die Beziehungen, die sie zu den einzelnen Personen hat im Einzelnen beschreiben. Frau Dr. Koch fällt es schwer, gute Beschreibungen zu finden. Sie verliert sich in Allgemeinplätzen über formale Themen wie Arbeitsaufträge und Komptenzen der Mitarbeiter. Sie erkennt nach und nach, dass sie ihre Mitarbeiter persönlich wenig einschätzen kann und spürt im Coaching aktuell ihre Distanzierung.

Daraufhin beklagt sie heftig, sie kenne dieses Gefühl. Freunde spiegelten ihr des Öfteren zurück, sie sei immer etwas distanziert und lehrerhaft. Aus ihrer Sicht hingegen wolle sie einfach alles richtig machen und versuche die Arbeitsbeziehungen so korrekt wie möglich zu gestalten. Sie wisse auch nicht mehr was sie noch tun könne.

Der Coach nimmt eine akzeptierende Haltung ein und begleitet Frau Dr. Koch in dieser resignativen Phase, indem er fragt, was denn passiere, wenn sie sich diesem Gefühl der Resignation weiter aussetze. Sie wird nun ruhiger und beschreibt, dass sie sich im Beruf häufig unecht erlebe. Sie glaube, sie müsse eine Rolle spielen und verliere sich dabei. Manchmal glaube sie, überhaupt kein Gefühl zu haben. Dann wiederum laufe sie „vor Gefühlen über". Sie funktioniere dann automatisch und wolle sich das in dem Moment auch nicht vergegenwärtigen. Jetzt tue es ihr gut, darüber zu sprechen und sie bemerke gerade, das sie dies zu wenig – und wenn, zu oberflächlich – tue. Auf den Schutzmechanismus „Oberflächlich sein" angesprochen stellt Frau Dr. Koch fest, dass es ihr in ihrem Leben an tieferen Beziehungen mangelt.

In der Schlussbetrachtung dieser Coaching-Einheit gesteht sie sich ein, dass sie möglicherweise auch von ihren Mitarbeitern als sehr distanziert erlebt werde. *Der Coach deutet nun die Rückmeldungen der Mitarbeiter um: sie könnten auch als Wunsch an Frau Dr. Koch gedeutet werden, ihre übermäßige Distanzierung aufzugeben. So legt das Coaching eine erste Spur frei, die im Coachee den Anreiz erzeugt, sich genauer in dieser Dynamik wahrzunehmen und zu überprüfen.*

Der Prozess dauert aktuell an.

6.3 Aktivität und Motivation – Herr Schatz

Herr Schatz arbeitet als Abteilungsleiter in einem weltweit operierendem Familienunternehmen. Von der Ausbildung her promovierter Wissenschaftler, leitet er ein Expertenteam von 16 Personen. Auf die Frage nach seiner Coachingmotivation gibt er an, von einem Kollegen „gleich mitangemeldet" worden zu sein. Selbstverständlich sei sein grundsätzliches Interesse von dem Kollegen erfragt worden, aber genauere Ideen könne er nicht formulieren. Er würde gerne erst einmal abwarten, was auf ihn zukäme.

Daraufhin entscheidet sich der Coach, zu Beginn die Thematik „Aktivität im Coaching" anzusprechen. Herr Schatz ist durch viele Seminarbesuche daran gewöhnt, dass Trainer und Moderatoren einzelne Arbeitsschritte präzise formulieren (Flipchart, Pinwand, Folien) präsentieren. Natürlich könne er auch die ein oder andere Thematik vorschlagen, er habe jedoch die Erfahrung gemacht, dass er sich hierbei immer wieder in seinen Problemformulierungen deutlich gegenüber dem Trainer unterlegen fühle. Dies habe schließlich dazu geführt, seine diesbezüglichen Aktivitäten deutlich zu reduzieren oder ganz einzustellen.

Warum nun solle das im Coaching anders sein? Er habe im Moment keine Ideen bzw. Themen, die er unbedingt besprechen müsse. Andererseits, wenn er schon einmal da sei, interessiere er sich schon, schließlich sei der Coach hochbezahlt.

Der Coach diagnostiziert im Stillen beim Coachee ein Reaktionsmuster (Bewältigung von Kränkung durch Passivität) und macht daraus folgende

Intervention: Er fragt mit leicht ironischer Färbung, ob er die ironische Färbung in der Äußerung von Herrn Schatz richtig wahrgenommen habe. Herr Schatz bestätigt das und wird deutlich entspannter, was dem Kontakt zwischen beiden zugute kommt. Der Coach beschließt, den Coachee in der Thematik „Themenfindung und Kontrakt" zu entlasten. Er schlägt vor, die Strukturierung der ersten Sitzung zu übernehmen. Im Verlauf der weiteren Sitzungen wolle er jedoch die Themenverantwortung an den Coachee abgeben.

Herr Schatz willigt ein, denn er fühlt sich in der bekannten abwartenden Haltung wohl. Dies um so mehr, da er sein Thema „Irritation durch Pseudointeresse" ansprechen konnte. Damit meint Herr Schatz seine negative Erfahrung mit Seminarleitern, die im Seminardesign Teilnehmerorientierung vorgeben, sich in der Durchführung jedoch teilnehmerneutral verhalten und Ihr Programm abspulen.

Der Coach schlägt eine Reflexion der beruflichen Situation von Herrn Schatz vor. Orientierung soll ein Feedbackbogen geben. Vorgehensweise: der Coach liest die Fragen nach und nach vor, dann werden sie im Dialog besprochen. Anschließend soll Herr Schatz nach folgenden drei Aspekten entscheiden, wie er die Fragen beantworten möchte:

1. Ich bin mit mir zufrieden und fühle mich in diesem Thema wohl.
2. Ich will dieses Verhalten reduzieren, ich „mache zuviel davon".
3. Ich will dieses Verhalten verstärken, ich möchte „mehr tun".

Feedbackbogen „Selbstreflexion" – Tool 4

Problemlösung

Ich frage nach Problemhintergründen	Zufrieden	Weniger tun	Mehr tun
Ich lenke die Aufmerksamkeit der anderen auf Probleme	Zufrieden	Weniger tun	Mehr tun
Ich bitte um Unterstützung, wenn dies erforderlich ist	Zufrieden	Weniger tun	Mehr tun
Bei Druck bewahre ich Ruhe	Zufrieden	Weniger tun	Mehr tun
Ich mache den anderen die Bedeutung der Problemlösung klar	Zufrieden	Weniger tun	Mehr tun
Ich setze Handlungsprioritäten	Zufrieden	Weniger tun	Mehr tun

Und...

Wie führe ich mein Team?

Ich übernehme Führung klar und deutlich	Zufrieden	Weniger tun	Mehr tun
Wir treffen uns, sooft es erforderlich ist	Zufrieden	Weniger tun	Mehr tun
Ich kenne die Stärken der einzelnen Teammitglieder	Zufrieden	Weniger tun	Mehr tun
Ich sanktioniere Verhaltensweisen, die nicht den Teamnormen entsprechen	Zufrieden	Weniger tun	Mehr tun
Ich variiere meinen Führungsstil, um den einzelnen Teammitgliedern gerecht zu werden	Zufrieden	Weniger tun	Mehr tun
Ich nutze die Besprechungszeiten optimal	Zufrieden	Weniger tun	Mehr tun
Ich schaffe eine Atmosphäre, in der jeder sagen kann was er denkt	Zufrieden	Weniger tun	Mehr tun
Ich bringe andere dazu, sich zu beteiligen	Zufrieden	Weniger tun	Mehr tun
Ich überzeuge mich davon, dass alle Aktionsschritte klar definiert werden	Zufrieden	Weniger tun	Mehr tun
In Besprechungen behalte ich immer meine Disziplin	Zufrieden	Weniger tun	Mehr tun
Ich überprüfe die Leistungen der Gruppe	Zufrieden	Weniger tun	Mehr tun

Und...

Zielsetzung, Messbarer Erfolg

Ich definiere die Ziele klar	Zufrieden	Weniger tun	Mehr tun
Die festgelegten Schritte sind abgeklärt	Zufrieden	Weniger tun	Mehr tun
Ich stelle sicher, das alle Beteiligten von den gleichen Zielvorstellungen ausgehen	Zufrieden	Weniger tun	Mehr tun
Ich finde Möglichkeiten, um den Erfolg abzuschätzen	Zufrieden	Weniger tun	Mehr tun

Und...

Umgang mit Informationen

Ich prüfe, welche Informationen benötigt werden	Zufrieden	Weniger tun	Mehr tun
Ich höre den Ideen der anderen zu	Zufrieden	Weniger tun	Mehr tun

Ich benutze Medien zum Zusammenstellen der Information	Zufrieden	Weniger tun	Mehr tun
Ich erkenne die Informationslücken	Zufrieden	Weniger tun	Mehr tun
Ich formuliere Information leicht verständlich	Zufrieden	Weniger tun	Mehr tun
Ich erläutere Handlungsspielräume	Zufrieden	Weniger tun	Mehr tun
Ich trage meine eigenen Ideen vor	Zufrieden	Weniger tun	Mehr tun

Und...

Der Entscheidungsprozess

Ich beurteile mögliche Alternativen für das weitere Vorgehen	Zufrieden	Weniger tun	Mehr tun
Ich schätze die Risiken bei den verschiedenen Vorgehensweisen ab	Zufrieden	Weniger tun	Mehr tun
Ich liste die möglichen Vorteile bei verschiedenen Vorgehensweisen auf	Zufrieden	Weniger tun	Mehr tun
Ich treffe klare Entscheidungen zwischen den verschiedenen Alternativen für das weitere Vorgehen	Zufrieden	Weniger tun	Mehr tun
Ich kläre die Betroffenen über die Entscheidungen eingehend auf	Zufrieden	Weniger tun	Mehr tun
Ich begründe Entscheidungen	Zufrieden	Weniger tun	Mehr tun

Und...

Planung

Ich stelle sicher, dass jeder weiß, was getan werden muss	Zufrieden	Weniger tun	Mehr tun
Die Aufgabenkoordination stelle ich durch eine Übersicht sicher	Zufrieden	Weniger tun	Mehr tun
Die notwendigen Aufgaben erläutere ich	Zufrieden	Weniger tun	Mehr tun
Ich berücksichtige Ideen anderer zur optimalen Aufgabenbewältigung	Zufrieden	Weniger tun	Mehr tun
Ich lege klare Pläne vor	Zufrieden	Weniger tun	Mehr tun
Es wird sichergestellt, dass alle wissen was zu tun ist, wenn etwas schiefläuft	Zufrieden	Weniger tun	Mehr tun

Und...

Ausführung

Ich richte Maßnahmen zur Erfolgskontrolle ein	Zufrieden	Weniger tun	Mehr tun
Ich koordiniere die Aktivitäten anderer Mitarbeiter	Zufrieden	Weniger tun	Mehr tun
Planänderungen teile ich detailliert mit	Zufrieden	Weniger tun	Mehr tun

Und...

Verbesserungen

Ich kontrolliere den Fortschritt im Vergleich zu den Plänen	Zufrieden	Weniger tun	Mehr tun
Ich lasse über Fehler offen diskutieren	Zufrieden	Weniger tun	Mehr tun
Ich erkenne Vorschläge für Verbesserungen an	Zufrieden	Weniger tun	Mehr tun
Ich gebe jedem Einzelnen Feedback	Zufrieden	Weniger tun	Mehr tun
Ich betone die Stärken des Einzelnen	Zufrieden	Weniger tun	Mehr tun
Ich achte darauf, dass die Arbeitsmoral erhalten bleibt	Zufrieden	Weniger tun	Mehr tun

Und...

Verhalten gegenüber Vorgesetzten und Kollegen

Ich stehe in Konkurrenz zu meinen Kollegen	Zufrieden	Weniger tun	Mehr tun
Ich mache das, womit ich wirklich einverstanden bin	Zufrieden	Weniger tun	Mehr tun
Ich unterstütze meinen Chef	Zufrieden	Weniger tun	Mehr tun
Ich verhalte mich Vorgesetzten gegenüber selbstbewusst	Zufrieden	Weniger tun	Mehr tun

Und...

Allgemeine Kommunikation

Ich unterstütze andere, die in Schwierigkeiten sind	Zufrieden	Weniger tun	Mehr tun
Ich verfüge über eine gute Beratungsfähigkeit	Zufrieden	Weniger tun	Mehr tun
Ich behandle andere mit Respekt	Zufrieden	Weniger tun	Mehr tun
Ich stehe anderen zur Verfügung	Zufrieden	Weniger tun	Mehr tun
Ich achte auf die Gefühle von anderen	Zufrieden	Weniger tun	Mehr tun
Ich gebe nicht vor, etwas zu wissen, wenn es nicht so ist	Zufrieden	Weniger tun	Mehr tun
Ich suche den Rat der anderen	Zufrieden	Weniger tun	Mehr tun
Ich verbessere meine Kommunikationsfähigkeit	Zufrieden	Weniger tun	Mehr tun

Während der Bearbeitung der Fragen beginnt Herr Schatz immer freier zu assoziieren. Es gelingt ihm, Bilder und Szenen zu beschreiben und diese auch nachzuerleben. *Das Nachfragen des Coaches, der auch Interesse an Details zeigt, führt zu einer immer deutlicher werdenden Rückschau.* Herr Schatz wirkt in dieser Coaching-Phase sehr engagiert und interessiert. Hier benutzt der Coach die prozessstimulierenden Fragetypen (6.7, Tool 9).

Nachdem alle Fragen bearbeitet worden sind, fordert der Coach Herrn Schatz auf, vier Fragen zu benennen, die er im kommenden Quartal vertiefen möchte. Herr Schatz entscheidet sich für:

1. Ich koordiniere Aktivitäten meiner Mitarbeiter   mehr tun
2. Ich gebe jedem einzelnen Mitarbeiter Feedback   mehr tun
3. Ich behandele andere mit Respekt   mehr tun
4. Ich benutze Medien zur Präsentation   mehr tun

Dann fordert der Coach Herrn Schatz auf, in einer Zukunftsperspektive genau zu beschreiben, wie er die benannten Punkte umsetzten möchte. Dabei könne er sich des SMART-Verfahrens bedienen.

Der SMART-Check – Tool 5

S (spezific)	Das jeweilige Ziel muss spezifisch formuliert werden können
M (measurable)	Das Ziel ist messbar
A (attainable)	Das Ziel ist erreichbar

R (realistic) Das Ziel ist realistisch
T (time phased) Das Ziel ist zeitlich untergliedert

Nach der Überprüfung seiner Ziele nach den SMART-Kriterien entwickelt Herr Schatz folgende Perspektiven:
- Er wird eigens ein Mitarbeitermeeting einberufen, an dem die Mitarbeiter prägnant über individuelle Projektbestände sprechen. Dabei wird er im Besonderen darauf achten, ob die Aspekte innerhalb des Projektmanagements (Meilenstein, Netzsysteme, Priorisierung etc.) klar herausgearbeitet werden. Er möchte versuchen seine Mitarbeiter nach den Prinzipien der Kooperation zu beteiligen.
- Er möchte fünf Mitarbeitern ein Feedback geben. Hierzu wird er 1,5 Stunden Zeit einplanen. Er möchte Fach- und Sachthemen besprechen.
- Er hat sich dabei ertappt, dass er seine Sekretärin zwar freundlich behandelt, jedoch sie als Mensch kaum wahrnimmt. Das möchte er ab sofort ändern.
- Die Visualisierungen im Coaching gefallen ihm sehr gut. Der Coach visualisiert einzelne Prozesse an der Flipchart und lässt auch Prozesse von Herrn Schatz visualisieren. Somit werden einzelne Themen verstärkt und geankert. Gleichzeitig werden Prozesse kreativ angeregt. Dies möchte Herr Schatz übernehmen.

Am Ende der ersten Einheit fühlt sich Herr Schatz sehr angeregt. Nach seinem Gefühl befragt, erlebt er sich in einer Art Aufbruchstimmung. Es seien viele Dinge zu Tage getreten, die er schon längst angehen wollte und nun möchte. Dies sei einerseits lustvoll, andererseits auch befreiend. Er habe die Bedeutung der kommunikativen Ebene zu lange vernachlässigt.

Für die zweite Coachingsession möchte Herr Schatz mehr inhaltliche Verantwortung übernehmen. Er wird im Vorfeld relevante Themen reflektieren und diese dann zum Coaching mitbringen.

6.4 Struktur und Klarheit – Herr Elberfeld

Herr Elberfeld ist Aussendienst-Leiter einer Organisation, die sich im Bereich der neuen Technologien engagiert. Er kennt den Coach bereits aus einem Seminar „Organisationsentwicklung und Projektmanagement". Aufgrund dieses bestehenden Kontaktes (das Seminarerlebnis hat ihn dazu bewogen, sich um ein Coaching zu bemühen), fällt es Herrn Elberfeld leicht seine Motive zum Coaching zu nennen:

Er führe seine Mitarbeiter eigentlich immer aus dem Bauch heraus, ab und zu probiere er etwas, was er sich bei Kollegen abschaue und dabei fühle er sich schon seit langem unwohl. Gleichzeitig spüre er einen wachsenden Druck, seinem Führungsverhalten mehr Struktur zu geben, da die Gruppe immer größer wird. Weiterhin seien viele Geschäftsprozesse ähnlich unstrukturiert, sein Vorgesetzter sei schon lange überlastet, daher erhalte er von dort wenig Unterstützung. So falle es ihm immer schwerer, seine Mitarbeiter optimal zu betreuen.

Er wünscht sich eine Strukturierung seiner Tätigkeiten sowie eine Begleitung bei verschiedenen Änderungen, die in Zukunft anstehen. Herr Elberfeld trägt sein Ansinnen sehr entschieden vor. Das bewegt den Coach dazu, schon in der ersten Sitzung mit einer Strukturierung des gesamten Coachingprozesses zu beginnen, was von Herrn Elberfeld sehr befürwortet wird. Er hat für sein Coaching einen Finanzierungsrahmen mit seiner Organisation abgesteckt, der sechs jeweils $\frac{1}{2}$ tägige Sessions ermöglicht. Folgende Leitthemen werden zur Reflexion des Führungsstils als Aussendienstleiter entwickelt:

1. Reflexion des Führungsverhaltens zu allen Mitarbeitern
2. Potentialanalyse innerhalb seines Wirkungsbereichs
3. Zielvereinbarungen im Betrieb

1. Coachingphase: Reflexion des Führungsverhaltens zu allen Mitarbeitern

Da das Thema „Struktur geben" im Coaching ein Hauptanliegen von Herrn Elberfeld ist, entwickeln Coach und Coachee folgende Fragestellungen, um den Reflektionsgesprächen einen roten Faden zu geben:

– Persönliche Ebene: Wie erlebt Herr Elberfeld die Beziehung zu Mitarbeiter XY
– Welche Themen werden als erstes genannt?
– Welche Gefühle werden erlebt?
– Wie lautet die spontane Prognose?

Beispiel: Mitarbeiter A hatte sich vor drei Jahren auch auf den Posten des Aussendienstleiters beworben und ihn nicht erhalten. Seitdem ist er offensichtlich gekränkt und achtet bei Meetings immer besonders kritisch auf das Verhalten von Herrn Elberfeld. Kleine Fehler werden von Herrn A. immer etwas zuviel korrigiert. Ansonsten gibt Herr A. sich zufrieden und betont, er wollte die ADL-Position eigentlich gar nicht haben. Herr Elberfeld bemerkt bei der Fallbesprechung, das er Herrn A. immer etwas distanziert und überkorrekt behandele. Schließlich wolle er sich nichts nachsagen lassen.

Herrn Elberfeld wird während des Prozesses immer deutlicher, dass er selbst eine Menge zu der großen persönlichen Distanz zu jenem Mitarbeiter beiträgt. Durch diese Erkenntnis kann sein Ärger über Herrn A. ein Stück abfallen. Sie ermöglicht ihm, einen klaren Entschluss zu fassen und das persönliche Gespräch mit Herrn A. neu zu suchen. Er terminiert dies sofort.

Dieses Beispiel zeigt, wie ein Coachee durch das Coachinggespräch seinen Handlungsrahmen erweitern kann. Alternative Sichtweisen werden häufig möglich, wenn Gefühle bewusst wahrgenommen und akzeptiert werden. Möglicherweise liefert das neue Verständnis für Herrn A. jene Energie, die Herr Elberfeld braucht, um die Distanz geringer werden zu lassen.

Nach dieser assoziativen Reflexion wird an der Frage gearbeitet, wie er vermutlich von seinen Mitarbeitern wahrgenommen wird. *Zur Analyse des Führungsverhaltens bietet der Coach folgende Strukturierung:*

Analyse des Führungsverhaltens – Tool 6

Wie schätzen Sie die Zufriedenheit Ihrer Mitarbeiter mit den folgenden Teilaspekten Ihres Führungsverhaltens ein?

1. Entscheidungen begründen   Zufrieden / na ja... / unzufrieden
2. Auf gemeinsame Ziele hinweisen
3. Kurz und verständlich kommunizieren
4. Keine anonymen Anweisungen geben
5. Freundlichkeit
6. Aufgaben klar formulieren
7. Hilfestellung bei Problemen geben
8. Anstöße zum Selbstdenken geben
9. Selber entscheiden lassen
10. Zuhören
11. Vorschläge aufgreifen

12. Als Ansprechpartner zur Verfügung stehen
13. Persönliches Wort wechseln
14. Genügend Zeit für Gespräche einplanen
15. Ein offenes Ohr haben
16. Hintergrundinformationen geben
17. Eindeutige Positionen einnehmen

Diese Gliederung hilft Herrn Elberfeld sich selbst in seinem Verhalten zu orientieren. Die Reflexion führt dazu, eine präzise Standortbestimmung nach den Parametern „gut" bis „zu verbessern" zu formulieren. Es zeigt sich, dass Herr Elberfeld bei jedem Mitarbeiter ein unterschiedliches Bedürfnis nach Veränderung entwickelt. Die persönliche Zielvereinbarung wird mithilfe des SMART-Rasters entwickelt (s.o. Herr Schatz).

Der Coach schlägt Herrn Elberfeld ein einfaches, aber bewährtes Planungsraster vor, anhand dessen er sein weiteres Vorgehen strukturiert (Beispiel in Tool 7):

Planungsschritte – Tool 7

Thema:	*Gespräch mit Herrn A.*
Ziel:	*Verbesserung der persönlichen Zusammenarbeit, wertschätzenderes Diskussionsverhalten in Meetings*
Maßnahme:	*Persönliches Gespräch bei der nächsten Tagung, Wunsch nach mehr Kooperation formulieren*
Involvierte Personen:	*AD, VL*
Zeitraum:	*3.Quartal*
Kontrolle:	*Coaching; Mitarbeiterjahresgespräch 4.Quartal*

Diese Strukturierung im Coachingprozess hilft Herrn Elberfeld das Führungsverhalten seinen Mitarbeitern gegenüber zu optimieren. In den sechs Coachings werden Teile der Sessions (je 120 Minuten) auf diese Reflexionsarbeit verwendet. Insgesamt festigt sich das Führungsverhalten von Herrn Elberfeld durch eine systematische Analyse (was war), einen formulierten Status (was ist) und eine Prognose (was wird sein). Die Strukturierung professionalisiert die Arbeitsbeziehungen und lässt immer klarere Formen erkennen. Die Beschreibungen von Herrn Elberfeld werden immer präziser und genauer hinsichtlich der Inhalte und den mitschwingenden Gefühlen. Durch die klarere Selbstwahrnehmung fallen ihm immer mehr schwelende Konflikte oder auch strategisches Verhalten seiner Mitarbeiter auf. Auch wenn die Konflikte nicht immer gelöst werden können, entwickelt sich die Kontaktfähigkeit von Herrn Elberfeld zu seinen Mitarbeitern positiver und klarer.

2. Coachingphase: Potentialanalyse

Als weiteres Instrument neben der Führungsstilanalyse wird im Coachingprozess mit der Potentialanalyse gearbeitet, die Herrn Elberfeld in seinem Führungsverhalten strukturell stabilisiert. Folgende Themenbereiche sind für Herrn Elberfeld mit seinen Mitarbeitern (Verkäufer) im Laufe des nächsten Quartals zu klären:

1. Erkennung und realistische Einschätzung des jeweiligen Gebietspotentials durch jeden Mitarbeiter.
2. Akzeptanz der Mitarbeiter für den jeweiligen „Forecast", eine Zielvorgabe, die sich aus Unternehmenszielen (Strategieziele) und persönlichen Einschätzungen zusammensetzt.
3. Herr Elberfeld entwickelt mit jedem seiner Mitarbeiter individuelle Erfolgsstrategien: Mit welchem Produkt werden welche Erfolge erzielt? Von welchen Produkten ist der Mitarbeiter überzeugt / nicht überzeugt? Welche Kunden werden vom Mitarbeiter gerne besucht? Kennt Herr Elberfeld den Grund? Welche Kunden werden nicht gerne besucht? Welche Beratungs- und Verkaufsstrategien werden von den Mitarbeitern bevorzugt? Kennen die Mitarbeiter andere Konzepte und andere Strategien?

3. Coachingphase: Zielvereinbarungen im Vertrieb

Herr Elberfeld ordnet und strukturiert in dieser Coachingphase die Anforderungen der Organisation an die Mitarbeiter. Hier stehen Dynamiken im Vordergrund, die sich aus möglichen unterschiedlichen Perspektiven und Erwartungen (Ziele der Organisation, Ziele der Führungskraft, Ziele der Mitarbeiter) ergeben. So wird z.B. deutlich, dass er in Fragen einer Preisstrategie, zu einer anderen Prognose kommt, als die Organisation. Vordergründig akzeptiert er die von ihm nicht mitgetragene Entscheidung und kommuniziert diese weiter an seine Mitarbeiter.

Seine Frustration kanalisiert er, indem er die Strategieentscheidung unklar und wenig entschlossen an seine Mitarbeiter weiterleitet. Diese wiederum verstehen immer weniger und es kommt zu verschleissenden kontroversen Haltungen des Teams gegenüber der Organisation, da der Auftritt am Markt nun nicht mehr einheitlich ist. Im Coaching wird deutlich, dass der Frust über eine nicht mitgetragene Strategie von Herrn Elberfeld eher auf der Ebene der Organisation zu bewältigen ist. Der Coach visualisiert das Spannungsfeld:

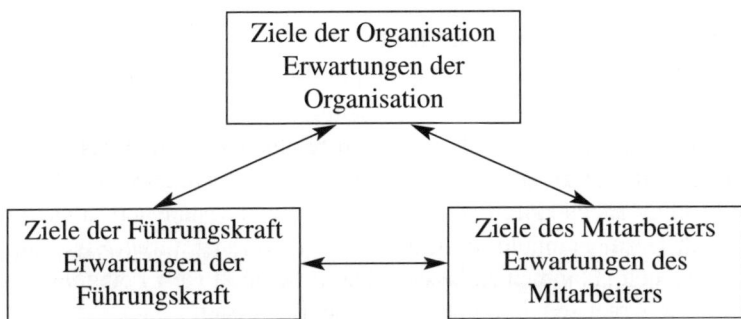

Das Spannungsfeld der Erwartungen – Tool 8

Diese prägnante Visualisierung ist Hintergrund für eine klärende Reflexion. Hier wird Herrn Elberfeld deutlich, das er sich in Zukunft eindeutiger gegenüber der Organisation verhalten möchte. Dieses könne auch bedeuten, dass er auch Entscheidungen mitträgt, von denen er weniger überzeugt ist. Gleichzeitig möchte er seine Spielräume nutzen und auch Konflikte mit seinen Vorgesetzten mehr austragen.

6.5 Ohnmacht und emotionale Intelligenz – Herr Feingold

Herr Feingold ist Organisationsberater und möchte im Coaching einen Organisationsentwicklungsprozess reflektieren. Er berät seit ca. einem Jahr ein mittelständisches Unternehmen und begleitet einen Entwicklungsprozess MBO (Führen mit Zielen), der eine „Reform der Gehaltsbänder" aller Mitarbeiter beinhaltet. Die Geschäftsführung möchte die Gehälter an Leistung koppeln. Herr Feingold definiert seine Rolle als Berater mit folgenden Aufgaben:
– Input liefern

- Vorschläge operationalisieren
- Veränderungsdynamik begleiten.

Seit geraumer Zeit ist er mit dem Prozess immer weniger zufrieden. Er spürt in den Gesprächen mit der Geschäftsleitung eine deutlich zunehmende Distanz, je näher der Zeitpunkt der Umsetzungsphase kommt. Sowohl seine Vorschläge, als auch die formulierten und beschlossenen „Meilensteine" werden von der Geschäftsleitung nicht mehr ausreichend umgesetzt. In informellen Gesprächen hat er versucht die Dinge zu klären, wurde jedoch immer vertröstet. Die Stimmung im Leitungsteam erlebt er ebenfalls als zunehmend distanziert.

Der Coach bittet Herrn Feingold die einzelnen Aktivitäten des Prozesses auf einer Zeitlinie an der Metaplanwand zu markieren. Nachdem so die wichtigsten Meilensteine thematisch und zeitlich visualisiert sind, fordert der Coach Herrn Feingold auf, im Prozess emotional zurückzugehen, Bilder und Szenen „kommen zu lassen". Dabei bemerkt Herr Feingold, dass er Gefühle wie Ärger seit geraumer Zeit wegrationalisiert.

Er wird durch den Coach aufgefordert immer weiter emotional nach „hinten zu spüren" um den *Punkt der ersten emotionalen Dissonanz* wahrzunehmen. Zwischen dem ersten unguten Gefühl und der eher kognitiven Erkenntnis (etwas stimmt nicht) ist mehr als ein Jahr vergangen.

Im Verlauf der weiteren Sitzungen wird deutlich, das Herr Feingold sehr darin geübt ist, dem „Erklärbaren", der „harten Info" der „ZDF-Dynamik" (Zahlen, Daten, Fakten) deutliche Priorität einzuräumen. Er spürt zwar „dass da etwas nicht stimmt", kann sich aber mit rationalen Argumenten schnell entlasten. Er entdeckt weiter, das sein Gefühl des Ärgers auch eher eine Art Maskengefühl beschreibt. Das wirkliche, dahinter liegende Gefühl kommt eher einer Ohnmacht gleich, die er erlebt, weil seine Konzepte nicht ausreichend umgesetzt werden.

Im Coaching wird Herrn Feingold nun deutlich, dass die Wahrnehmung der emotionalen Erlebnisinhalte bzw. die Unterscheidung zwischen maskenhaften Gefühlen und den dahinterliegenden Gefühlen auch Vorteile für seine Beratungsarbeit bringen kann. Je mehr er Ärger und Ohnmacht diagnostisch nutzen kann, je genauer kann er die tatsächliche Änderungsbereitschaft und Änderungsmöglichkeit von komplexen Organisationen wahrnehmen. Diese Wahrnehmung erlaubt ihm schließlich immer mehr, das Mögliche vom Unmöglichen zu unterscheiden.

Konkret ist sein Tempo und seine operationale Klarheit für die Organisation eine Art Überforderung. Da man sich nicht auf der Argumentationsebene wehren kann (die Argumente sind ja gut strukturiert und kausal linear) bleibt als eine Art Opposition die Distanzierung zum Berater.

Eine andere Interventionsstrategie als Berater – möglicherweise das offene Ansprechen seiner Wahrnehmung – wird ihm nun möglich.

Herr Feingold verabredet mit dem Coach, einige Sitzungen des Coachings zu nutzen, um diese Thematik sowie deren Facetten tiefer zu beleuchten. Dabei wird ihm in der gemeinsamen Reflexion deutlich, dass er zu reichem emotionalem Erleben fähig ist und in manchen Kinofilmen oder auch Konzerten diese Emotionalität – wenngleich still und heimlich – genießen kann. In beruflichen Kontexten jedoch verbietet er sich diese Emotionalität.

Herr Feingold erkennt nach und nach den professionellen Vorteil davon, sich mehr zu spüren. Da er so in vielen Beratungssituationen Spannungen und Konfliktsituationen so emotional sicherer diagnostizieren kann, wird sein emotionales Erleben gewissermaßen zu einem wichtigen Werkzeug. Indem er lernt, dieses nicht zu ignorieren, sondern zu fördern, hat Herr Feingold im Coachingprozess seine emotionale Intelligenz neu verstanden.

6.6 Familiäre Hintergründe – Herr Dr. Reich

Herr Dr. Reich, Leiter der Personalentwicklung berichtet vom Konflikt mit einem Kollegen. Herr Dr. Reich – nebenbei selber als Trainer in Personalentwicklungsmaßnahmen tätig – gibt an, er habe schon verschiedene Konfliktlösungsstrategien ausprobiert, es würde jedoch nichts funktionieren. *Der Coach fordert Herrn Dr. Reich auf, die Problematik aus der Sicht seines Konfliktpartners zu beschreiben (Perspektivwechsel).*

Herr Dr. Reich lässt sich auf dieses für ihn etwas ungewöhnliche Ansinnen ein und beschreibt sich aus der Sicht des Konfliktpartners als besserwisserisch und überengagiert. Er würde in letzter Zeit anderen keinen Raum mehr bieten. Dies sei vor allem in öffentlichen Situationen Meetings etc. schlimmer geworden.

Auf die Frage des Coachs, ob denn an dieser Außensicht etwas dran sei, verneint Herr Dr. Reich. Er verhalte sich im Prinzip nicht anders als vorher und insgesamt sei ihm diese Sichtweise unerklärlich. Allerdings verfüge er, seit er das Traineeprogramm übernommen habe – er bilde dort junge Trainer aus, die im Alter seiner Söhne seien – über deutlich weniger Zeit für den Kollegen.

Die Frage des Coach, ob er denn die jungen Trainer auch als Söhne behandle, wird von Herrn Dr. Reich nach mehrmaligem Hinschauen bejaht. Er sehe seine Kinder seit der Scheidung viel zu wenig, so dass er im Traineeprogramm hier auch etwas nachhole. Dabei erfreue er sich großer Beliebtheit, da er sehr väterlich führe. Er bemerke nun jedoch einen möglichen Zusammenhang: da er seinem Kollegen weniger Aufmerksamkeit schenke, seien möglicherweise auch Eifersuchtsgefühle des Kollegen Hintergrund des Konfliktes.

Als der Coach daraufhin Herrn Dr. Reich bittet, seine bisherigen Konfliktlösungsstrategien zu überprüfen, stellt dieser fest, dass es sich dabei stets um Gesprächsaufforderungen im Sinne von „wir sollten uns mal unterhalten..." handelte.

Coach: Wie machen Sie das denn in Ihrer Trainerrolle?

Coachee: Da arbeite ich eigentlich mit verschiedenen Modellen der Konfliktlösung.

Coach: Interessant, was hindert Sie daran, das in diesem Fall auch zu tun? Nehmen wir an, es ist Eifersucht. Was denken Sie, wie Ihre bisherige Strategie auf den Kollegen wirken könnte?

Coachee: Er könnte sie als „mehr desselben" wahrnehmen.

Coach: Das könnte ich mir auch vorstellen. Außerdem signalisieren sie im aktuellen Konflikt vermutlich auch Desinteresse. Er könnte dies als Demütigungsstrategie empfinden.

Herr Dr. Reich entdeckt nun eine andere Möglichkeit der Konfliktlösung: die Durchführung gemeinsamer Projekte mit dem Kollegen. In diesen neuen Aktivitäten möchte er seinem Kollegen mehr Raum geben.

Coach: Wie werden Sie das tun können, schließlich beschreiben Sie sich selbst als besserwisserisch und überengagiert.

Coachee: Ich glaube, es wird jetzt besser funktionieren, weil mir die Eifersuchtsthematik klar geworden ist. Auch die Traurigkeit über den wenigen Kontakt zu meinen Söhnen wird mir noch Einiges zu denken geben. Auf jeden Fall ist an meinen „Überaktivitäten" etwas Wahres dran.

Durch diese Bewusstmachung kann sich der Konflikt im weiteren Verlauf des Coachings immer mehr auflösen.

6.7 Vertiefungstools

6.7.1. Prozessstimulierende Fragen – Tool 9

1. *Fragen nach Daten*
   - Zahlen, Personen und weitere Fakten erfragen
2. *Unterscheidungsfragen*
   - Worin unterscheidet sich Ihre Arbeitsweise von anderen?
   - Sind Sie mehr oder weniger zufrieden?
   - Wenn Sie es in Prozent ausdrücken, wieviel schätzen Sie?
   - In welchem Grad sind Sie einverstanden?
   - Sind alle gleicher Meinung mit „X"?
   - Worin unterscheiden Sie sich?
   - Für wen ist es das größere Problem?
   - Welches von den anstehenden Problemen, welche Fragestellung beschäftigt Sie am meisten?
3. *Fragen nach Klatsch und Tratsch*
   - Was sagt man über Sie konkret?
   - Was sagt man woanders?
   - Was sagt man über Ihre Abteilung?
   - Wie ist die Stimmung in der Abteilung?
   - Wie denken Sie über ihr/sein Handeln und Auftreten?
   - Sie haben eine gute Presse, wie machen Sie das?
   - Gibt es Gerüchte?
   - Welches Thema sollte man in Ihrer Abteilung nicht ansprechen?
   - Wie redet man darüber?
   - Wie ist das Klima?
4. *Hypothetische Fragen*
   - Was wäre, wenn Sie in die andere Abteilung versetzt würden?
   - Angenommen, Sie könnten Projektleiter des neuen Teams werden, würde Sie das interessieren?
   - Was würde passieren, wenn Sie sich mit Ihrer Kollegin mal aussprechen würden?

- Angenommen, Sie berichten in Ihrer Abteilung offen über die Vorfälle, hätten Sie dann mehr oder weniger Probleme?

5. *Zirkuläre Fragen*
   - Was würde Ihr Kollege aus der Abteilung Y dazu sagen, wenn .....?
   - Inwieweit beeinflußt Herr X aus der Nachbarabteilung unsere Entscheidungen, unsere Vorgehensweisen?
   - Wie denken die Kollegen über Ihr Problem, Ihr Vorgehen?
   - Wie beurteilt Ihr Chef die Beziehung zwischen Ihnen und dem Personalleiter?

6. *Zukunftsfragen*
   - Welche Ideen haben Sie, wie sich Ihre zukünftige Zusammenarbeit entwickeln wird?
   - Welche Aufgaben, Themen sehen Sie in der Zukunft für sich?
   - Welche Erwartungen haben Sie, wie sich Ihre Abteilung in einem, zwei oder drei Jahren entwickelt haben wird?
   - Was wird Ihr Handeln zukünftig bestimmen?

7. *Kontextfragen*
   - Wer weiß noch von ihren Schwierigkeiten?
   - Von wem in Ihrer Umgebung hängt Erfolg oder Misserfolg Ihres Vorhabens noch ab?
   - Weiß Ihre Frau, Ihr Partner von Ihrem Wunsch, die Leitung zu übernehmen?
   - Was sagt sie/er dazu? Bekommen Sie zu Hause die nötige Unterstützung?

8. *Fragen zu Verhalten und Verhaltensmustern*
   - Wie verhalten sich die Kollegen, wenn Sie präsentieren?
   - Woran erkennen Sie, dass Ihr Chef nicht einverstanden ist?
   - Als Sie das neue Produkt vorgestellt haben, was genau hat Ihr Produktmanager gesagt?
   - Wie war seine Körperhaltung dabei?
   - In der Konfliktsituation: Was genau hat Ihr Kollege gesagt, und wie haben Sie reagiert? Geben Sie es bitte wörtlich wieder!
   - Wie sind die Entscheidungsabläufe im Team?
   - Was machen Sie genau, wenn ...?

9. *Fragen nach der inneren Abbildung*
   - Welche Bedeutung, welche Wichtigkeit hat das ..... für Sie?
   - Welchen Stellenwert geben Sie .....?
   - Welche Erfahrung haben Sie mit .....?
   - Wie deuten Sie .....?
   - Wie wollen Sie diese Aufgabe angehen?
   - Haben Sie bereits Ideen, wie Sie Ihre Abteilung anders organisieren könnten?

6.7.2 Kritikfähigkeit und emotionale Intelligenz – Tool 10

Themenbereiche sind die Spannungsfelder: Flexibilität und Identität / Selbstwert und Dienst / Belastbarkeit und Zielgerichtetheit / Selbstbestimmung und Einsicht / Zuversicht und Realitätssinn / Wertorientierung und Toleranz

Eigenschaften und Fähigkeiten

1. Sich auf unterschiedliche Menschen und Situationen ein- und umstellen können.
2. Fähigkeit, die eigenen Ziele in wechselnden Situationen nicht aus den Augen zu verlieren.
3. Kennen der eigenen Stärken und die Fähigkeit, sich auf sie besinnen zu können.
4. Kann einer Idee dienen und anderen von Nutzen sein.
5. Fähigkeit, momentan unklare oder widersprüchliche Situationen auszuhalten.
6. Kann Entscheidungen treffen.
7. Kann Entscheidungen konsequent umsetzen.
8. Kann sich eine unabhängige Meinung bilden.
9. Kann diese Meinungen in Gruppen vertreten.
10. Kann seine Meinungen gegenüber Autoritäten vertreten.
11. Fähigkeit zu lernen, d.h. eigene Annahmen in Frage zu stellen und kompromissbereit zu sein.

12. Vertrauen in sich haben.
13. Vertrauen in andere haben.
14. Vertrauen in die Zukunft entwickeln.
15. Mit Enttäuschungen und Misserfolgen rechnen und leben können.
16. Sich auf höhere Werte verpflichten können.
17. Fähigkeit, unterschiedliche Werte zu vertreten und mehrere Lebensziele zu verfolgen.

Datenblatt zum Feedback „Kritikfähigkeit und emotionale Intelligenz"

1. Frage	nie	sehr selten	gut	optimal	zuviel
1 2 3 4 5 6 7 8 9 10					

2. Frage	nie	sehr selten	gut	optimal	zuviel
1 2 3 4 5 6 7 8 9 10					

3. Frage	nie	sehr selten	gut	optimal	zuviel
1 2 3 4 5 6 7 8 9 10					

4. Frage	nie	sehr selten	gut	optimal	zuviel
1 2 3 4 5 6 7 8 9 10					

5. Frage	nie	sehr selten	gut	optimal	zuviel
1 2 3 4 5 6 7 8 9 10					

6. Frage	nie	sehr selten	gut	optimal	zuviel
1 2 3 4 5 6 7 8 9 10					

7. Frage	nie	sehr selten	gut	optimal	zuviel
1 2 3 4 5 6 7 8 9 10					

8. Frage	nie	sehr selten	gut	optimal	zuviel
1 2 3 4 5 6 7 8 9 10					

9. Frage	nie	sehr selten	gut	optimal	zuviel
:1.........2.........3.........4.........5.........6.........7.........8.........9.........10					

10. Frage	nie	sehr selten	gut	optimal	zuviel
:1.........2.........3.........4.........5.........6.........7.........8.........9.........10					

11. Frage	nie	sehr selten	gut	optimal	zuviel
:1.........2.........3.........4.........5.........6.........7.........8.........9.........10					

12. Frage	nie	sehr selten	gut	optimal	zuviel
:1.........2.........3.........4.........5.........6.........7.........8.........9.........10					

13. Frage	nie	sehr selten	gut	optimal	zuviel
:1.........2.........3.........4.........5.........6.........7.........8.........9.........10					

14. Frage	nie	sehr selten	gut	optimal	zuviel
:1.........2.........3.........4.........5.........6.........7.........8.........9.........10					

15. Frage	nie	sehr selten	gut	optimal	zuviel
:1.........2.........3.........4.........5.........6.........7.........8.........9.........10					

16. Frage	nie	sehr selten	gut	optimal	zuviel
:1.........2.........3.........4.........5.........6.........7.........8.........9.........10					

17. Frage	nie	sehr selten	gut	optimal	zuviel
:1.........2.........3.........4.........5.........6.........7.........8.........9.........10					

6.7.3 Das persönliche Anerkennungsprofil – Tool 11

1. Mein Bedürfnis nach Anerkennung ist
gering　　3　　2　　1　　0　　1　　2　　3　　sehr stark

2. Ich erhalte Anerkennung
nie　　selten　　manchmal　　häufig　　sehr häufig

3. Ich akzeptiere Anerkennung („Vielen Dank")
nie　　selten　　manchmal　　häufig　　sehr häufig

4. Ich gebe Anerkennung
nie　　selten　　manchmal　　häufig　　sehr häufig

5. Ich entwerte Anerkennung („Ist doch selbstverständlich... ")
nie　　selten　　manchmal　　häufig　　sehr häufig

6. Ich vergesse, Anerkennung zu geben
nie　　selten　　manchmal　　häufig　　sehr häufig

7. Ich vergesse erhaltene Anerkennung
nie　　selten　　manchmal　　häufig　　sehr häufig

7. Ein Coaching-Modell

7.1 Das Sechs-mal-Drei-Modell

Eine Möglichkeit, Coaching-Prozesse zu strukturieren ist die folgende: Sechs dreistündige Coaching-Einheiten (Sessions), die meistens nach bestimmten Themenschwerpunkten strukturiert sind. Das „meistens" ist hier sehr wichtig. Es ist entscheidend, dass der Coach sich auf die konkrete Situation einstellt, statt ein bestimmtes Programm „durchzuziehen". Der individuelle aktuelle Bedarf des Coachees hat Vorrang.

7.1.1 Zentrale Themen

Die meistens wichtig sind:
- die beziehungsdynamische Organigrammanalyse
- die Entwicklung eines begründeten und individuellen Führungskonzepts
- die Außendarstellung aufgrund von Selbstkenntnis (Eigenbild/Fremdbild)
- Teamentwicklung und Konfliktmanagement.

Ferner ist es sinnvoll, jede der dreistündigen Sitzungen in drei Bereiche zu unterteilen, die je nach Bedarf unterschiedlich viel Raum einnehmen können, aber jeweils alle drei Platz haben sollten.

7.1.2 Die drei inhaltlichen Bereiche jeder Coaching-Sitzung

Zu jeder Sitzung gehören:
- eins der obengenannten zentralen Themen
- spezielle Aspekte der eigenen Persönlichkeit (z.B. Rolle und Identität, Glaubenssätze und Motivation, Umgang mit Krisen, emotionale Intelligenz)
- Aktuelles – es ist wichtig, neben der Bearbeitung grundsätzlicher Thematiken in jeder Sitzung genügend Raum für das zu geben, „was auf den Nägeln brennt" (aktuelle Konfliktdynamiken, brisante Fälle aus dem Alltagsgeschäft).

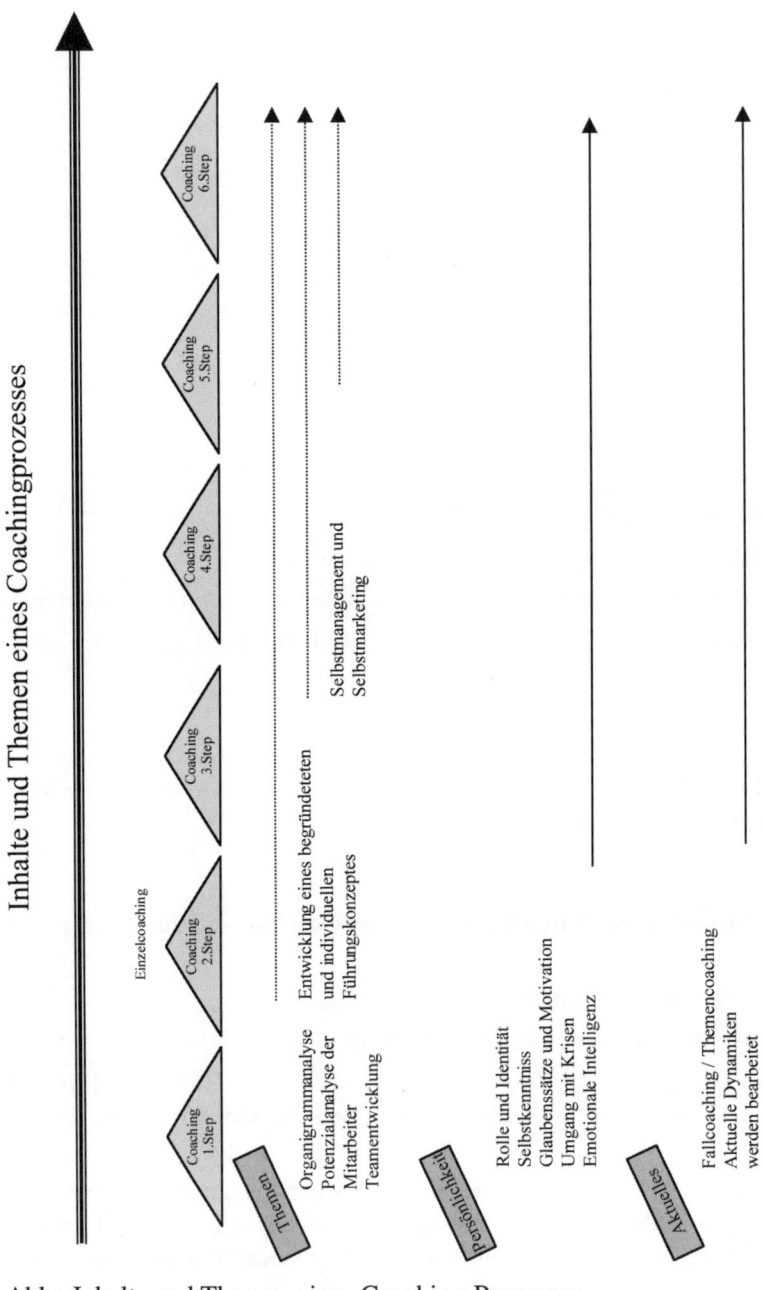

Abb.: Inhalte und Themen eines Coaching-Prozesses

7.2 Die beziehungsdynamische Organigrammanalyse

Zur Gestaltung des ersten Kontaktes empfiehlt sich die beziehungsdynamische Organigrammanalyse, die hier ausführlich beschrieben werden soll, da es sich um eine neu entwickelte, also weniger bekannte Methodik handelt. Der Coaching-Teilnehmer wird aufgefordert seine berufliche Situation in Form eines Organigramms auf einer Metaplanwand zu visualisieren. Häufig ist die Entwicklung eines Organigramms bekannt und schafft eine Atmosphäre der Sicherheit und Klarheit, in der sich allmählich Kontakt und Vertrauen aufbaut. Das spricht dafür, zunächst mit den klassischen Visualisierungstechniken (Flipchart und Metaplanwand, Moderationsmaterial) zu arbeiten.

Der Coachee wird aufgefordert ein Organigramm zu erstellen. Hier definiert er seinen momentanen Standort, bzw. die subjektive Sichtweise seiner Standortbestimmung. Dabei werden sowohl seine Position innerhalb der Organisation sowie erste Themen für den Coaching-Prozess deutlich.

7.2.1 Themenfindung

- Position und Titel der Tätigkeit.
- Sind Position und Rolle eindeutig geklärt und werden sie in der Organisation eindeutig kommuniziert?
- Sind Funktionen und Rollen nicht geklärt werden erste Arbeitsthemen deutlich. Z.B.: Gibt es ein Interesse, die Rollen und Funktionen nicht zu klären? Wer hat welches Interesse? Welche Vorteile könnte es haben, diese Dinge unklar zu lassen?
- Was ist geklärt?

7.2.2 Beziehungsdynamik

Auf der entstandenen Landkarte von Namen und Positionen wird der Coachee nun aufgefordert über die aktuelle Beziehung zu seinen Mitarbeitern, Kollegen und Vorgesetzten zu sprechen. Da dies häufig viele Personen (nicht selten 20 bis 30) sind, empfiehlt sich eine weitere Visualisierungstechnik.

Der Coachee wird nun aufgefordert die Personen zu benennen, die ihm innerhalb der Organisation positiv gesonnen sind und sie auf dem Organigramm *mit einem grünen Punkt* zu kennzeichnen. Hier sollen die Personen benannt werden, die folgende Kriterien erfüllen:

- Wohlwollen und Wertschätzung ausdrücken.
- Gesprächsbereitschaft signalisieren.
- Aktiv beziehungsengagiert sind.
- Informationen austauschen.

Personen, zu denen ein unklares Bezugsverhältnis besteht werden in dieser Visualisierungsphase *mit einem gelben Punkt* gekennzeichnet. Hier helfen folgende Fragestellungen:

- Welche Erfahrungen habe ich mit der Person?
- Wie verhält sich die Person zu mir, wenn wir alleine sind?
- Wie verhält sich die Person zu mir in öffentlichen Situationen wie Meetings?
- Werden nur berufliche Rollen gelebt?
- Werden private Anteile zugelassen?

Personen mit negativer Wirkung werden *mit einem roten Punkt* versehen. Hier werden alle Personen gelistet, zu denen ein negatives Bezugsverhältnis besteht. Darunter fallen in der Regel Personen mit folgenden Merkmalen:

- Personen, die sich nicht oder wenig auf unterschiedliche Menschen und Situationen ein- und umstellen können.
- Personen, die eine hohe Unklarheit bezüglich ihrer eigenen Ziele haben.
- Personen, die die eigenen Stärken nicht kennen.
- Personen, die momentan unklare oder widersprüchliche Situationen nicht aushalten können.
- Personen, die Entscheidungen unzureichend treffen und wenig bis gar nicht konsequent umsetzen.
- Personen, die sich keine unabhängige Meinung bilden können.
- Personen, die sich in Gruppen und gegenüber Autoritäten unterwürfig verhalten.
- Personen, die wenig in der Lage sind, eigene Annahmen in Frage zu stellen und wenig kompromissbereit sind. Personen, die wenig Vertrauen in sich, andere und die Zukunft entwickeln können.
- Personen, die Enttäuschungen und Misserfolge ignorieren oder leugnen.

Diese Coachingphase ist sehr intensiv. Dem Coachee ist häufig im komplizierten Beziehungsgeflecht nicht eindeutig klar, welche Personen er als unterstützend erlebt.

Der Coach fragt beispielsweise:
- Welche Bilder und Szenen kommen hoch?
- Liegen sie in der Vergangenheit, im „Hier und Jetzt" oder in der Zukunft?
- Welche Gefühle werden stimuliert, wenn ich an die Personen denke?
- Sind mir die Netzwerke der Personen bekannt?
- Wie heißt mein Netzwerk?

Sehr häufig werden Einschätzungen („Ach, mit dem ist alles klar... Wir verstehen uns seit Jahren") in diesem Augenblick neu reflektiert und möglicherweise auch aktualisiert. Der Blick in den Rückspiegel lässt Erlebnisse und Einstellungen sichtbar werden, er überprüft und korrigiert die individuellen Annahmen.

Die Standortbestimmung mit der beziehungsdynamischen Organigrammanalyse hat das Ziel, Themen, Wahrnehmungen und Einstellungen gewissermaßen zu heben, um sie bearbeitbar zu machen.

7.2.3 Auswertungsrichtungen

Die Bearbeitung der identifizierten Themen wirft folgende Fragen auf:
- Wie genau ist meine Wahrnehmung? Hier bietet sich im Coaching beispielsweise ein Exkurs zum Thema Wahrnehmung und Beurteilung an.
- Was ist mir wichtig?
- Welche Beziehungen möchte ich so lassen wie sie sind? Hier spielt die Hygiene von Beziehungen eine große Rolle. Lebe ich sie, pflege ich sie oder überlasse ich alles dem Zufall?
- Welche Beziehungen möchte ich ändern? Hier gilt es, die jeweiligen Änderungswünsche genau zu beleuchten. Sind die Änderungswünsche und die Änderungsrichtung formuliert (vergegenwärtigt), kann mit der Arbeit begonnen werden.

7.2.4 Das dynamische Dreieck – Tool 12

Je nach Kenntnisstand und Vorerfahrung kann eine Strukturierung mit Hilfe des dynamischen Dreiecks zweckdienlich sein.

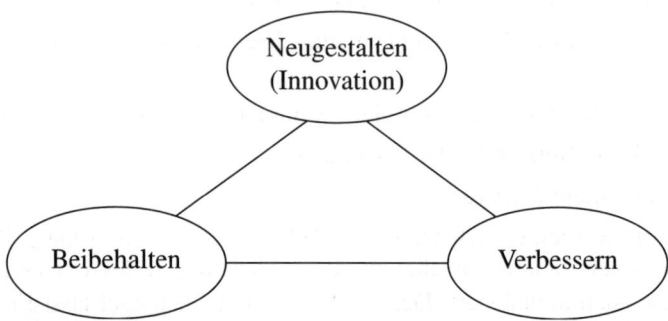

Das Strukturmodell thematisiert die drei Dynamiken:
- Beibehalten
- Verbessern
- Innovation

in ihrer Vernetzung.

Unter dem Aspekt „Beibehalten" beleuchtet der Coachee alle Aspekte, die er nicht ändern möchte. Dieser Prozess dient der Bewusstmachung von Ressourcen, die ich zur Verfügung habe. Durch das sich vergegenwärtigen von „Haben" wird nicht selten die Wichtigkeit und Notwendigkeit von intakten Beziehungen neu erlebt.

Die Dynamik „Verbessern" konfrontiert den Coachee mit der Frage, was er bei welchen Personen im Beziehungssystem verbessern möchte. Nicht selten erleben Beziehungen, die im Diffusen „hin- und herdümpeln", eine neue Aufmerksamkeit.

Der Aspekt „Innovation" beleuchtet das Neue innerhalb von Beziehungsdynamiken. Hierunter sind Beziehungsinnovationen, also Antworten auf die Frage, „was könnte zwischen zwei Personen *neu* hinzukommen?" genauso gemeint wie mögliche *neue* Beziehungen.

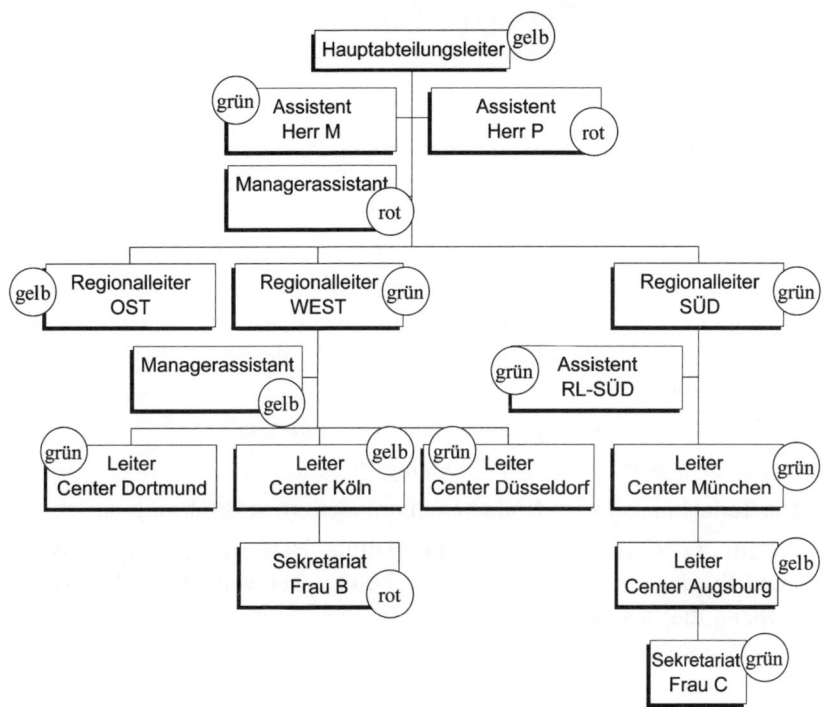

1. Zu welchen Personen besteht welche Arbeitsbeziehung?
   (Grüner Punkt: positiv. Gelber Punkt: neutral. Roter Punkt: negativ.)
2. Welche Beziehung möchte ich so lassen, welche Beziehung möchte ich ändern? Wie? Wann?
3. Wie ist die Beziehung vermutlich aus der Sicht der anderen Person?

Abb.: „Beispiel einer beziehungsdynamischen Organigrammanalyse"

8. Coaching als Bestandteil von Organisationsentwicklung

Das oben geschilderte sechs-mal-drei-Modell lässt sich sehr gut in komplexere Organisations- und Personalentwicklungsprozesse integrieren. Im Folgenden wird seine Einbindung in ein Gesamtkonzept zur Begleitung von Führungskräften skizziert.

Auf einer festzulegenden Zeitschiene stellt der Coaching-Prozess eine von drei parallelen Entwicklungslinien dar, in die er quasi eingebettet ist. In Abbildung 5 sind die drei Ebenen ersichtlich, auf denen die Führungskräfte begleitet werden:

– Ein mehrteiliges Seminar „Grundlagen der Führung".

– Der Coaching-Prozess / Die Coaching-Prozesse.

– Die Teilnahme an zwei Einheiten mit moderiertem Erfahrungsaustausch.

Nachdem in der vorangegangenen Darstellung Hintergrund, Vorgehensweisen und Praxis von Coachingprozessen beschrieben wurden, stellen wir abschließend die beiden anderen Elemente eines solch komplexen Entwicklungsprozesses vor.

Ein plastisches und anschauliches Konzept für Führungsseminare (8.1) wird ergänzt durch das Strukturmodell „Moderierter Erfahrungsaustausch" (8.2).

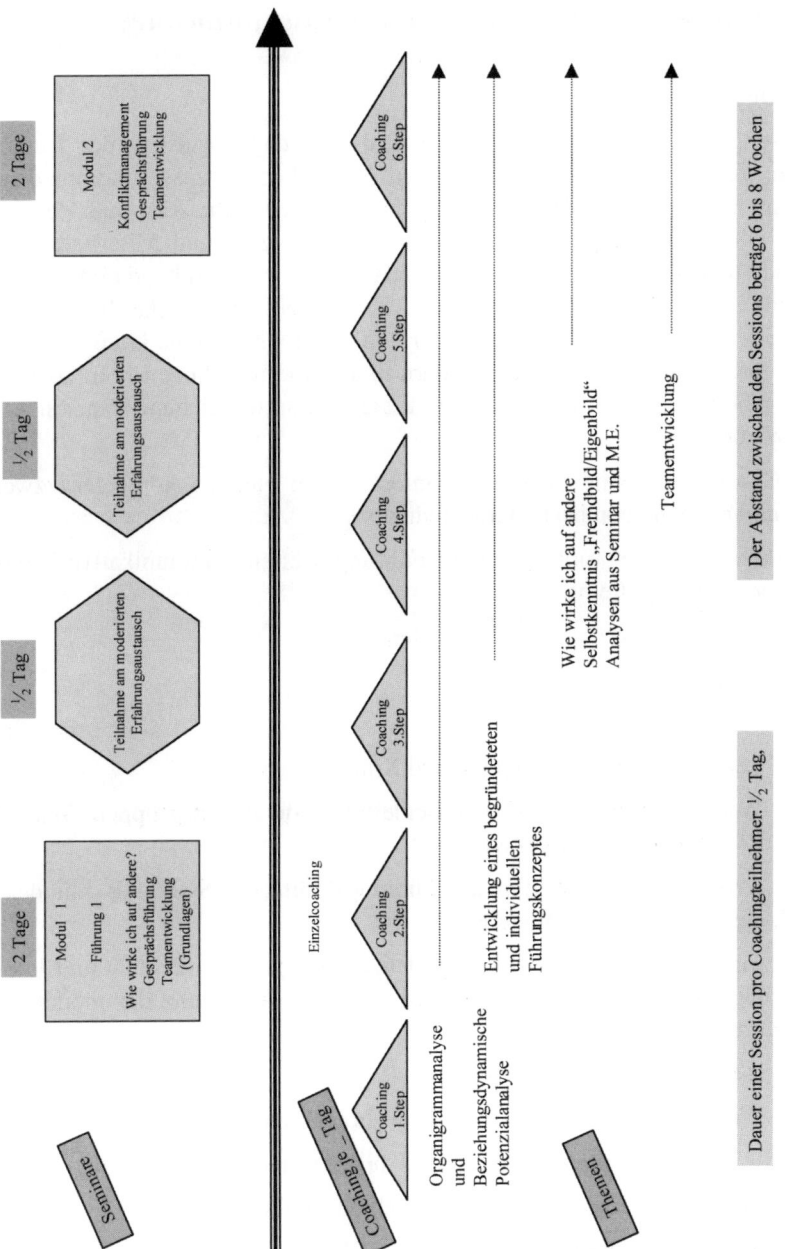

Abb.: „Integriertes Coaching-Konzept zur Begleitung von Führungskräften"

8.1 Konzept: Seminarreihe zum Thema „Führung"

Prolog

Führung im Wandel! Nach den Restrukturierungsprozessen der letzten Jahre zeigen sich Unternehmen heute schlanker, prozess- und kundenorientierter. Auch die Führungslandschaft wandelt sich: Was heißt das für die Führungsleistung? Führung als Leistungsprozess und Mitarbeiter als Kunde bzw. Abnehmer der Führungsleistung. Provozierend und einfach (logisch) zugleich! Als Führungskraft suchen Sie ein partnerschaftliches Miteinander, in dem jeder – Vorgesetzter und Mitarbeiter – eine klare Aufgabe und Rolle hat. Gegenseitiges Fordern und Fördern bedingen kommunikative Kompetenz und die Fähigkeit zu eigenverantwortlichem Handeln auf allen Ebenen!

In diesem Sinne sind für die Optimierung von Führungskompetenz zwei Themenbereiche von besonderer Bedeutung:

1. Aktivitäten, die „tool"-orientiert Führungskräften kommunikative Kompetenzen vermitteln:

- Gesprächsführung mit Mitarbeitern
- Konfliktmanagement
- Motivation
- Leitung von Besprechungen und Konferenzen
- Werkzeuge zu Aufbau und Begleitung von Arbeitsgruppen, Teams/ Projektteams (Teamentwicklung).

Hier lernen bzw. überprüfen die Führungskräfte die Standards mit dem Ziel, diese zu professionalisieren.

2. Lerninhalte mit persönlichkeitsbildendem Anspruch – Identität und Integrität als Voraussetzung für Erfolg und hohe Akzeptanz der modernen Führungskraft:

- Welche Rolle nehme ich ein?
- Wie wirkt diese in meiner Außenwahrnehmung auf andere?
- In welcher „Unternehmenskultur" bildet sich diese Rolle ab?
- Wie prägt meine Rolle die Unternehmenskultur?
- Wie lebe ich die Unternehmensgrundsätze?
- Gibt es eine Stabilitäts- oder eine Änderungsdynamik?

In dieser Arbeit stehen Bewusstmachung von und kritische Auseinandersetzung mit der persönlichen Führungsidentität im Spannungsfeld der Unternehmensgrundsätze im Zentrum der Betrachtung. Hinsichtlich eines wegweisenden idealtypischen Persönlichkeitsbildes von Führungskräften werden die im Folgenden dargestellten Profile aus der aktuellen Managementpraxis diskutiert.

Merkmal	Zeigt sich als Fähigkeit und Bereitschaft, ...
Flexibilität und Identität	– sich auf unterschiedliche Menschen und Situationen ein- und umzustellen
	– die eigenen Ziele in wechselnden Situationen nicht aus den Augen zu verlieren
Selbstwert und Dienst	– um die eigenen Stärken zu wissen und sich auf sie zu besinnen
	– einer Idee zu dienen und anderen von Nutzen zu sein
Belastbarkeit und Zielgerichtetheit	– momentan unklare oder widersprüchliche Situationen auszuhalten
	– Entscheidungen zu treffen und konsequent umzusetzen
Selbstbestimmung und Einsicht	– sich eine unabhängige Meinung zu bilden, sie in Gruppen und gegenüber Autoritäten zu vertreten
	– zu lernen, d.h. eigene Annahmen in Frage zu stellen und kompromissbereit zu sein
Zuversicht und Realitätssinn	– Vertrauen in sich, andere und die Zukunft zu entwickeln
Wertorientierung und Toleranz	– sich auf objektive Werte zu verpflichten
	– unterschiedliche Werte zu vertreten und mehrere Lebensziele zu verfolgen

Abschließend sei aus der Erfahrung der Seminarpraxis kritisch angemerkt, dass vielfach bevorzugt die „tool"-orientierten Führungstechniken trainiert werden. Eine Auseinandersetzung mit der eigenen Führungsrolle wird dagegen oft als mühsam und anstrengend erlebt. So werden häufig persönliche Schwierigkeiten als Führungskraft wohl erkannt, jedoch in erster Linie auf einzelne pragmatisch zu trainierende Verhaltensweisen in bestimmten Situationen (sprich: Werkzeug „X" anzuwenden bei Problem „Y") reduziert und nicht in einer umfassenderen, eben auf individuelles Persönlichkeitswachstum ausgerichteten Betrachtungsweise angegangen.

Wenn eine tiefergehende und damit authentisch wirkende Entwicklung bzw. Optimierung von Führungskompetenz erreicht werden soll, ist es aus unserer Sicht notwendig, individuell – quasi diagnostisch – Verhaltensgewohnheiten, mentale Einstellungen sowie den bisherigen Führungsstil (im oben unter 2 angedeuteten Sinne) zu reflektieren, um so einen wirklichen Veränderungsprozess initiieren zu können.

Das vorliegende Führungskonzept umfasst einen komplexen, auf nachhaltige Wirkung angelegten Entwicklungsprozess von Führungskompetenz mittels aufeinander aufbauender Seminar- und Coachingmodule.

In der ersten Phase setzen sich die Teilnehmer mit Führung und der daraus resultierenden Verantwortung für das Unternehmen auseinander. In der zweiten Phase sollen die wichtigsten „tools" der Gesprächsführung gelernt werden. In der dritten Phase kann der Teilnehmer im Coaching wichtige Themen bearbeiten, die in der Regel sinnvoll im Rahmen einer Einzelberatung Platz finden. In der vierten Phase werden Formen des Feedbacks insbesondere zu den Themen „Motivation" und „Kritikfähigkeit" thematisiert – also den wichtigsten „essentials", die ein bestehendes Führungskonzept (u. a. Fachkompetenz, Methodenkompetenz, Organisationsfähigkeit und Zeitmanagement) positiv kommunizieren bzw. mit Leben füllen.

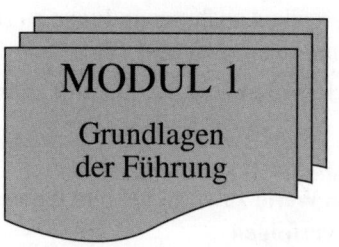

MODUL 1
Grundlagen der Führung

Als Führungskraft setzen Sie sich mit Ihrer Führungsverantwortung aktiv auseinander. Sie werden sich in diesem Seminar ein in der Praxis direkt umsetzbares Wissen erarbeiten, mit dessen Hilfe Sie Führungsprobleme erkennen und Ihre Führungsaufgaben wirkungsvoll wahrnehmen können. Sie lernen unterschiedliche Führungsfunktionen und -instrumente kennen. Ihr persönlicher Führungsstil und die Reaktion der Mitarbeiter darauf werden Elemente erfolgreichen Führungsverhaltens.

So werden Methoden und Techniken zur erfolgreichen Gestaltung von Gesprächssituationen erarbeitet. Sie lernen die Grundlagen der Gesprächsführung kennen, um schnell eine hohe Sicherheit und Kompetenz in den Führungsanforderungen „Konfliktgespräch, Zielerreichungsgespräch und Motivationsgespräch" zu erlangen.

Sie werden außerdem erfahren, welche Wirkung Ihr persönlicher Gesprächsstil bei Ihren Gesprächspartnern auslöst, so dass Sie Ihre individuellen Stärken weiter ausbauen und neue Fähigkeiten gezielt in Ihr Handlungsrepertoire integrieren können.

Inhalte zum Thema „Rolle als Führungskraft"
- Führungsstile und Führungsinstrumente
- Anforderungen an eine Führungskraft
- Information und Kommunikation als Instrumente und Handlungsweisen zur Verbesserung von Führungsklima, Leistungs- und Lernbereitschaft der Mitarbeiter
- Umgang mit schwierigem Mitarbeiterverhalten
- Mitarbeitermotivation und Motivationstheorien
- Zielorientierte Führung von Mitarbeitergesprächen

Inhalte zum Thema „Gesprächsführung"
- Zielorientierte Vorbereitung von Mitarbeitergesprächen
- Sinnvoller Gesprächsaufbau in verschiedenen Situationen
- Techniken der Gesprächsführung
- Sensibles Reagieren auf körpersprachliche Signale
- Herbeiführen klarer Gesprächsergebnisse und Vereinbarungen
- Wie sehe ich mich selbst, wie sehen mich die anderen im Gespräch?
- Zielorientierte Führung von Mitarbeitergesprächen

MODUL 2
Vertiefungsseminar

In diesem Vertiefungsbaustein arbeiten die Teilnehmer an ihrem persönlichen Führungskonzept, das sich u. a. an folgenden Fragestellungen orientieren wird:

- Wie leite ich mein Team?
- Wie setze ich die Entwicklungspläne meiner Mitarbeiter um?
- Wie führe ich mich selbst?
- Wie gestalte ich die Arbeitsbeziehung zu meinen Vorgesetzten?
- Welche Entwicklungsschritte sind für mich und für mein Team notwendig?

Im Zusammenhang mit diesen Überlegungen werden konkrete Fälle aus dem Führungsalltag der Teilnehmer bearbeitet. In Gesprächssimulationen werden Fähigkeiten erprobt und neue Erfahrungen gesammelt, durch Feedback und Kritikübungen optimieren wir die Wahrnehmungsfähigkeit und die Kompetenz zu offener Kommunikation – der vielleicht wichtigsten Grundlage selbstbewussten Führungsverhaltens.

Inhalte

- Grundlagen der Teamentwicklung
- Situatives Führen II
- Gesprächsführung in schwierigen Situationen
- Gesprächsführung in Gruppen
- Gesprächsführung in Meetings
- Entwicklung eines fachlich begründeten Führungskonzeptes

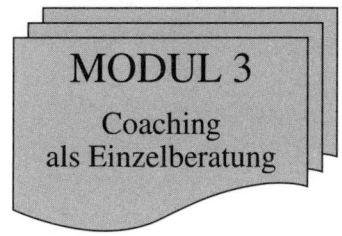

MODUL 3
Coaching als Einzelberatung

Hier haben die Teilnehmer die Möglichkeit der individuellen Beratung zu persönlichen Themen, die einen geschützten Raum benötigen. (Vgl. auch Kapitel 6.)

Erfahrungsgemäß stehen folgende Themen im Vordergrund:
- Wie wirke ich in den unterschiedlichen Situationen (wirklich)?
- Welche Verhaltensweisen sollten wie geändert werden?
- Wie verhalte ich mich in der Konfliktsituation „X"?

Es ist sinnvoll, das Coaching von den Teilnehmern vorbereiten zu lassen. Hierzu werden in Modul 2 unterschiedliche Vorgehensweisen erörtert und verabredet.

Das Coaching ist freiwillig.

Persönlichkeitscoaching

1. Analyse und Reflexion der eigenen Rollen
2. Entfaltung der Schlüsselkompetenzen durch kritische Rückschau ausgewählter beruflicher Situationen
3. Angleichung der Selbstbild-Fremdbild Dynamik: „Wie wirke ich auf andere"
4. Kommunikative Kompetenzen in den Arbeitsbeziehungen:
   - Vorgesetzte
   - Mitarbeiter
   - Kollegen

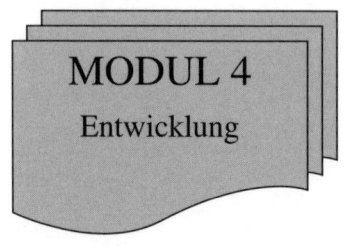

MODUL 4
Entwicklung

In diesem Entwicklungsseminar werden – unter Einbezug der zwischenzeitlichen Umsetzungserfahrungen in der Praxis – vertiefend die individuellen Führungskonzepte aller Teilnehmer überprüft, gegebenenfalls erweitert und geankert.

Hierzu bilden Übungen zur Optimierung der Persönlichkeitsentfaltung einen weiteren Schwerpunkt. So werden u. a. 270-Grad-Feedback-Schleifen zu den Themen „Motivationsverhalten" und „Kritikfähigkeit" durchgeführt und die Ergebnisse des MBTI Typenindikators in die Reflexionsarbeit miteinbezogen.

Die Vermittlung von wirkungsvollen Arbeitstechniken und neuesten Zeitmanagement-Erkenntnissen vervollständigt das Führungs- und Entwicklungskonzept der Teilnehmer.

Führungscoaching

1. Führungsstilanalyse
2. Analyse individueller Kompetenzen der Mitarbeiter im Hinblick auf: Gruppendynamik, Beziehungskulturen und Rollen in den Arbeitsteams
3. Umsetzung von Führungsleitbildern in konkreten Alltagssituationen
4. Motivation und Ansprechbarkeit der Teams durch die Führungskraft
5. Umgang mit Krisen („Schlechtleistung", Mobbing, Burn-out etc.)
6. Strategiecoaching

Konkrete Inhalte mit „Tools", die im Verlauf des Coachingprozesses bearbeitet werden:

- Konfliktmanagement
- Präsentation und Moderation von Sitzungen, Konferenzen etc.
- Arbeitstechniken und Zeitmanagement
- Erfolgreiche Handlungsstrategien in nicht wertschätzenden Situationen

Anhang

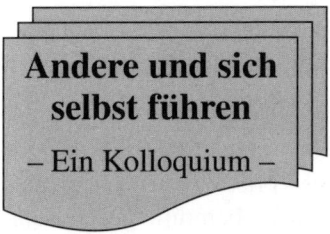

Andere und sich selbst führen

– Ein Kolloquium –

Viel mehr als bisher werden Führungskräfte heute als Persönlichkeit gefordert. Sie können nicht auf einer einmal erreichten Stufe stehenbleiben. Um nicht zum Opfer neuer Gegebenheiten zu werden, ist es das Klügste, Akteur zu sein und permanent an seinen Einstellungen, Gewohnheiten und seinem Verhalten zu arbeiten. In der Hektik des Berufsalltags ist das oft nicht leicht.

- Es ist daher „normal", dass Sie Hindernissen und Störungen verschiedenster Art begegnen, die signalisieren, dass Sie mit Ihren Möglichkeiten eine Grenze erreicht haben. Es geht nicht wunsch- oder zielgemäß weiter. Sie fühlen sich in ihrem bewussten Streben nach Erfolg blockiert, obwohl Sie Ihr Bestes getan haben.
- Es ist dabei zweitrangig, ob Sie diese Grenze im Zusammenhang mit einem Mitarbeiter, einem Vorgesetzten, einem Karriereziel oder bezüglich der eigenen Motivation erleben. Entscheidend ist, ob Sie den Informationsgehalt dieser Störung erkennen und nutzen können und damit Ihr Führungs- und Persönlichkeitspotential erweitern, um wieder aktiv zu werden, positive Ziele zu formulieren und Freude an ihrer Verwirklichung zu finden.

Mit Störungen und Grenzen nutzbringend umzugehen können Sie lernen. Das Wissen und die Übung, die dazu notwendig sind, sollte Ihnen dieses Seminar vermitteln. Selbsterlebte Grenzen in Führungssituationen standen daher im Mittelpunkt der Seminararbeit.

Im abschließenden Kolloquium werden Sie sich noch einmal konzentriert mit einem oder mehreren der folgenden Inhalte auseinandersetzen:

Das persönliche Führungsverhalten im Kraftfeld von Zeitgeist, Unternehmenszielen, Führungsgrundsätzen und Mitarbeitererwartung
- Wo komme ich her? Wo stehe ich? Wo will ich hin?
- Kommunizieren lernen, worum es Ihnen geht.
- Herausfordernde Führungssituationen darstellen und analysieren; den eigenen Anteil und den der anderen verstehen; die systemische Vernetzung von Störungen erkennen.
- Mit neuem Verhalten experimentieren.
- Selbstverantwortung bei Mitarbeitern fördern.

Erfahrungen in der Gruppe machen, die die soziale Kompetenz auch in betrieblichen Kontexten erweitert
- Als Störung erlebte Situationen mit der Gruppe und dem Trainer diskutieren.
- Feedback erhalten und geben.
- Eigene Stärken und Schwächen erkennen und mit ihnen umgehen lernen.
- Die sozial-emotionalen Prozesse beim Führen sensibler einbeziehen lernen.

8.2 Der moderierte Erfahrungsaustausch

Jeder/r kennt ineffektive Sitzungen, Konferenzen und Besprechungen, die im Alltagsgeschäft leider oft die Regel sind. Ein strukturiertes Vorgehen, bei dem einige essentielle Regularien konsequent eingehalten werden, hat sich hier als äußerst wirksam erwiesen. Da für die meisten Menschen eine hochstrukturierte Kommunikation ungewohnt ist, kann die hier vorgestellte Systematik manchmal Befremden auslösen. Nach der praktischen Anwendung des Modells stellt sich dann seine hohe Wirksamkeit heraus.

Bei Gruppen und Teams mit sehr hoch entwickelter sozialer und kommunikativer Kompetenz kann die Methode als Kollegiales Coaching (s. *Fallner/Pohl* 2001, S. 200ff.) angewendet werden. In allen anderen Fällen ist es sinnvoll, den systematischen Erfahrungsaustausch von einem geübten neutralen Experten moderieren zu lassen. Auch hier wird das Prinzip der geteilten Verantwortung kontraktiert:

- der Moderator ist verantwortlich für Struktur und Prozess
- die TeilnehmerInnen sind verantwortlich für Inhalte und Ergebnisse.

8.2.1 Voraussetzungen

Verbindlichkeit und Akzeptanz (Commitment) sowie ein klares Setting durch festgelegte Rollenverteilung, Arbeitsschritte und Zeiteinheiten.

Rollenverteilung
- Es gibt eine einbringende Person. Die durch sie dargestellte Situation ist Ausgangs- und Mittelpunkt des Austausches.
- ModeratorIn ist verantwortlich für die Einhaltung von Struktur und Zeit („ChefIn des Settings"), kann sich u.U. auch gleichzeitig als ReflexionspartnerIn beteiligen.
- Die anderen KollegInnen sind ReflexionspartnerInnen, die Reflexionsimpulse geben.

Arbeitsschritte
1. Darstellung
2. Informationssammlung
3. Bildersammlung
4. Analyse
5. Standortbestimmung
6. Lösungssammlung
7. Entscheidung
8. Bilanz

Zeiteinheiten
Als Faustregel für die Zeiteinteilung kann pro Schritt je nach Intensität, Bedarf und Teilnehmerzahl von jeweils 5–10 Minuten ausgegangen werden.

Übersicht „Systematischer moderierter Erfahrungsaustausch"

Phase	Schritt	Aktivität FalleinbringerIn	Aktivität Gruppe
Übersicht verschaffen	Darstellung	beschreiben der Situation bzw. des Problems	zuhören
	Informationssammlung	exakt antworten	sachliche Informationsfragen stellen – noch keine Lösungsvorschläge!
	Bildersammlung	zuhören	Bilder und Assoziationen entwickeln, auch „Unvernünftiges" äußern
Genauer betrachten	Analyse	zuhören	Hypothesen und Erklärungen entwickeln – noch keine Lösungsvorschläge!
	Standortbestimmung	Reaktion auf Bilder & Hypothesen (positiv / negativ)	zuhören
Zielführung und Entscheidung	Lösungssammlung	zuhören	Konkrete Lösungsvorschläge anbieten („An Ihrer Stelle würde ich ...") sich wirklich in FalleinbringerIn hineinversetzen
	Entscheidung	eigene konkrete Zielfindung entscheiden und begründen	zuhören
	Bilanz	Individuelle Lern- und Erkenntnisgewinne	
Auswertung / Reflexion *(„Was lief gut? Was könnte beim nächsten Mal besser laufen?")*			

8.2.2 Grundsätze und Regularien

Hierher gehören:
– konsequente Einhaltung der Struktur (Regeln, Zeiten)
– strukturadäquate Moderation/Leitung
– „Beratung ohne Gefälle" – Abwesenheit formaler Hierarchie
– Aufzeichnungen schriftlich und möglichst auch mit Bildern und Symbolen.

Wichtige Grundsätze
- Strikte Trennung in zuhörende und informationsgebende Rollen zur Optimierung der Informationsübermittlung.
- Es wird nicht in jedem Fall sofort eine konkrete Lösung geben. Oft liegt der Gewinn auch schon in einer erweiterten Problemsicht. Manchmal kann es auch sinnvoller sein sich „vom Problem zu lösen".

8.2.3 Zweck und Funktion der Systematik

Zweck der Methode
- Verhinderung vorschneller Scheinlösungen
- Gewährleistung effizienter Problembehandlung
- Differenzierung der verschiedenen Problemebenen
- Nutzung subjektiv unterschiedlicher Sichtweisen

Funktionen der Methode
- Qualitätssicherung der Arbeit, bezogen sowohl auf Ergebnisqualität als auch auf Prozessqualität (Kommunikation und Kooperation)
- fundierte Reflexion der eigenen Praxis
- betriebs- /organisationsinterne Fortbildung
- Erhöhung der Arbeitszufriedenheit

Verzeichnis der Tools, Abbildungen und Übersichten

Tools

1. Fragelandkarte Coachingthemen .44
2. Zielformulierungen in Coaching-Prozessen 46
3. Systematische Zielvereinbarung .54
4. Feedbackbogen „Selbstreflexion" 59
5. Der SMART-Check 63
6. Analyse des Führungsverhaltens .66
7. Planungsschritte 67
8. Das Spannungsfeld der Erwartungen 69
9. Prozessstimulierende Fragen 73
10. Kritikfähigkeit und emotionale Intelligenz 75
11. Das persönliche Anerkennungsprofil 78
12. Das dynamische Dreieck 84

Abbildungen und Übersichten

- Typen-Indikatoren nach MBTI 31
- Coaching-Dreier-Kontrakt 50
- Inhalte und Themen eines Coaching-Prozesses 80
- Beispiel einer beziehungsdynamischen Organigrammanalyse 85
- Integriertes Coaching-Konzept zur Begleitung von Führungskräften 87
- Systematischer moderierter Erfahrungsaustausch 98

Literaturverzeichnis

Bents, R./Blank, R.:	Typisch Mensch, 2. Auflage, Göttingen 1995
Bents, R./Blank, R.:	M.B.T.I. Eine dynamische Persönlichkeitstypologie, Göttingen 1997
Brinkmann, R.D.:	Mitarbeiter-Coaching, 3. Auflage, Heidelberg 2000
Crisand, E.:	Psychologische Grundlagen im Führungsprozess, 2. Auflage, Heidelberg 2001
Fallner, H./Pohl, M.:	Coaching mit System. Die Kunst nachhaltiger Beratung, Opladen 2001
Gehm, T.:	Kommunikation im Beruf, 2. Auflage, Weinheim/Basel 1997
Guntern, G.:	Im Zeichen des Schmetterlings. Argumente für eine neue Führungskultur, München 1995
Herwig-Stenzel, E.:	Führungsarbeit in Zeiten permanenten Wandels, Bielefeld 2001
Lowen, A.:	Angst vor dem Leben. Über den Ursprung seelischen Leidens und den Weg zu einem reicheren Dasein, München 1989
Lüttig, A./ Herwig-Stenzel, E.:	Führen und Leiten mit großen Führungsspannen. In: Organisationsentwicklung 1/01, S. 44–55
Pohl, M./Witt, J.:	Innovative Teamarbeit zwischen Konflikt und Kooperation, Heidelberg 2000
Pohl, M.:	Die Kunst des Coaching. In: Fallner/Pohl, Opladen 2001, S. 19–100
Pohl, M.:	Coaching und Teamarbeit als Mittel zur Bewältigung des Wandels. In: Braun, M./Schild, T.: Arbeiten im Park – Die Zeche Waltrop, Waltrop 2001
Rauen, C.:	Coaching. Innovative Konzepte im Vergleich, Göttingen 1999
Richter, H. E:	Umgang mit Angst. 5. Auflage, München 2000
Rückle, H.:	Coaching, Landsberg/Lech 2000

Schreyögg, A.:	Coaching: Eine Einführung in Praxis und Ausbildung, Frankfurt/M. 1995
Sennett, R.:	Der flexible Mensch. Die Kultur des neuen Kapitalismus, Berlin 1998
Sievers, B.:	Die Rolle des Managers. In: OSC 1/95, S. 63–72
Smit, I.:	Help, de manager verzuipt. In: Hp De Tijd, 20.3.1998
Soros, G.:	Die offene Gesellschaft. Für eine Reform des globalen Kapitalismus, Berlin 2001
Stroebe, R.W.:	Führungsstile, 6. Auflage, Heidelberg 1999
Van Bergen, A.:	De macht aan de basis, Elsevier 28.6.1997, S.70–74

Sachregister

Abwehrstrategien	39	Gesprächsführung	91
Achtsamkeit	19	Grundpräferenzen	27
Ambiguitätstoleranz	25, 40		
Analyse des Führungsverhaltens	67ff.	Humanisierung der Arbeit	34
Anerkennungsprofil, persönliches	78	Idealisierungen	14ff., 25, 38
Angst vor Versagen	16	Image	13
Berufs- und Lebenserfahrung	37f., 52	Kollegialität	26
Beurteilung, negative	56ff.	Konfliktlösungsstrategien	52, 71ff.
Beziehungsdynamik	81ff.	Kontraktformen	47
		Kontraktphase	47
Coaching-Ausbildung	35, 38, 49, 52	Krisen und Umbrüche	43
Coachingdefinitionen	27	Kritikfähigkeit	75ff.
Coachingformen	48	Kundenorientierung	45
Coachingkompetenz	36, 37f.		
Coachingkonzepte	27	Leitbilder	12ff.
		Leitungsfunktionen	21
Dreiecks-Kontrakt	47, 57	Leitungskompetenz	21
Emotionale Dissonanz	70	Managementfunktion	21
Emotionale Intelligenz	69ff.	Maskengefühl	70
Erfolgsstrategien	16	Menschenführung	22f.
Erfolgsverhaltensmuster	16	Mißerfolg, Umgang mit	16
		Mitarbeiter-Coaching	37, 40
Familiäre Hintergründe	71ff.	Motivation	28, 35, 58ff.
Feedback	11, 28		
Fehlerfreundlichkeit	39	Organigrammanalyse	81ff.
Finanzierung von Coaching	48f.	Organisationsentwicklung	86ff.
Fingerspitzengefühl	52		
Führungsideale	12ff.	Paradigmenwechsel	19
Führungskultur	20, 23	Perfektionserwartung	13, 38
Führungsqualität	23f.	Personalentwicklung	34
Führungsschwäche	13ff.	Polaritätenprinzip	27, 33, 38, 40
Führungssouveränität	25	Positives Denken	12
Führungstypen	19, 29ff.	Potentialanalyse	68

Produktivitätssteigerung	34	Spiegelungen	28f., 36
Profit- und Nonprofitsektor	38, 49	Stressbewältigung	43
Prozeß- und Ergebnisqualität	34	Strukturierung	65
Prozeßstimulierende Fragen	73ff.		
		Teamarbeit	48, 53ff., 92
Qualifizierung zum Coach	35, 38, 49	Tools	52
Querdenker, positiver	35	Typenindikator MBTI	27, 30ff., 94
Reorganisationsmaßnahmen	42	Umgang mit Schwächen	39
Rollenkompetenz	36, 42		
Rückkoppelungskompetenz	23	Vertraulichkeit	52
		Wahrnehmungserweiterung	42
Sachzwänge	17	Wirklichkeitskonstruktion	42
Schulung	22		
Selbst- und Fremdbild	28, 93	Zielebenen	25
Selbstkenntnis	28	Zielerreichung	13
Selbstreflexion	28, 33, 59ff.	Zielformulierungen	46
Selbstverantwortung	17, 58ff.	Zielvereinbarung	53ff., 68f.

Zu den Verfassern

Michael Pohl

Supervisor (DGSv), Systemcoach, Gesprächstherapeut und Coaching-Trainer, ist seit 1993 selbstständig tätig mit den Schwerpunkten:
- Einzelsupervision und -coaching
- Beratung von Teams, Organisationen und Projekten
- Ausbildung und Training von BeraterInnen und Coaches
- Moderation, Mediation und Konfliktberatung

Aktuelle Veröffentlichungen: „Coaching mit System. Die Kunst nachhaltiger Beratung", 2001 und „Innovative Teamarbeit zwischen Konflikt und Kooperation", 2000

Melanchthonstraße 60, 33615 Bielefeld, Tel.: 05 21 / 17 68 90
E-mail: beratung@pohlvision.de – www.pohlvision.de

Michael Wunder

ist seit 1990 als Unternehmensberater tätig. Seine Schwerpunkte liegen in der Personalentwicklung und Organisationsentwicklung.

- Als Partner des Instituts für Management Entwicklung Bielefeld (IME) leitet er Seminare und Arbeitsworkshops zu den Themen Führung, Vertrieb, Kommunikation, Arbeitstechniken und Zeitmanagement, OCS-Workshops (Orientierungscenter zur persönlichen Standortbestimmung im höheren Management).
- Als Supervisor (DGSv) arbeitet er seit 1994 als Coach für Führungskräfte, Personalentwickler und Geschäftsführer.

Marderweg 19, 33689 Bielefeld, Tel.: 01 77 / 7 94 20 60 oder 01 78 / 7 94 20 60, Fax: 0 25 05 / 97 04 02
E-mail: wundermk@aol.com

Arbeitshefte Führungspsychologie

1 Psychologie der Persönlichkeit (Crisand)
2 Grundlagen der Führung (Stroebe)
3 Führungsstile (Stroebe)
4 Motivation (Stroebe)
5 Kommunikation I (Stroebe)
6 Kommunikation II (Stroebe)
7 Arbeitsmethodik I (Stroebe)
8 Arbeitsmethodik II (Stroebe)
9 Gezielte Verhaltensänderung (Stroebe)
10 Transaktions-Analyse (Rüttinger)
11 Psychologie der Gesprächsführung (Crisand/Crisand)
12 Psychologie der Jugendzeit (Crisand/Kiepe)
13 Anti-Stress-Training (Crisand/Lyon)
14 Lernpsychologie für den beruflichen Alltag (Heineken/Habermann)
15 Konflikttraining (Berkel)
16 Führung von Gruppen (Rahn)
17 Ursachen von Erfolg und Misserfolg im Betrieb (Vollmer)
18 Das Gespräch in der betrieblichen Praxis (Crisand)
19 Psychologische Grundlagen im Führungsprozess (Crisand)
20 Das Sachgespräch als Führungsinstrument (Crisand/Crisand/Adler)
21 Präsentation (Motamedi)
22 Mitarbeiter-Coaching (Brinkmann)
23 Methodik der Konfliktlösung (Crisand)
24 Akzeptiertes Führungsverhalten (Schmidt)
25 Know-how der Persönlichkeitsbildung (Crisand/Crisand)
26 Umgang mit suchtgefährdeten Mitarbeitern (Feser)
27 Unternehmenskultur und Ethik (Berkel/Herzog)
28 Entwicklung zur Führungspersönlichkeit (Schmidt)
29 Die erfolgreiche Führungskraft (Witt)
30 Prinzipien der Führungsorganisation (Crisand)
31 Das Rückkehrgespräch (Bitzer)
32 Interaktive Führung (Witt)
33 Konferenzen organisieren und durchführen (Adler/Adler)
34 Innovatives Führen (Witt)
35 Innovative Teamarbeit (Pohl/Witt)
36 Führungsprinzip Achtsamkeit (Hinze)
37 Rhetorik und Präsentation (Michel)
38 Projektmanagement (Koreimann)
39 Schöpferisch mit System (Novak)
40 Stress bewältigen durch Kreativität (Kairies)
41 Soziale Kompetenz (Crisand)
42 Der Kontinuierliche Verbesserungsprozess (KVP) (Witt/Witt)
43 Frauen in Führungspositionen (Dobner)
44 Führen und helfen in Krisen (Feser)
45 Coaching und Führung (Pohl/Wunder)

Sauer-Verlag

Arbeitshefte
Personal und Organisation

Herausgegeben von E. Crisand, H. J. Bauschke und J. M. Woehe.

■ Diese Schriftenreihe versteht sich als Bindeglied zwischen anspruchsvoller Spezialliteratur und praktischen Alltagsfragen. Durch die Ergänzung von allgemeiner und detaillierter Themenstellung wird der Leser einerseits Einzelprobleme in die sachlichen, organisatorischen und rechtlichen Zusammenhänge einordnen können, andererseits aber konkrete Entscheidungshilfen für die Arbeit erhalten. Die Reihe wendet sich an Praktiker in Wirtschaft und Verwaltung.

Band 1	Recht und Taktik des Bewerbergesprächs (Bellgardt)
Band 11	Kündigungsfibel (Bauer/Röder)
Band 19	Personal-Controlling (Papmehl)
Band 21	Personalpflege (Brinkmann)
Band 23	Personalbeurteilungssysteme (Crisand/Stephan)
Band 24	Multimedia in der betriebswirtschaftlichen Weiterbildung (Beißner/Kursawe)
Band 25	Rechtsgrundlagen der Personalarbeit (Popp)
Band 26	Interessenausgleich und Sozialplan (Spie/Meißner)
Band 27	Umgang mit Fremdfirmen (Bauschke)
Band 28	Teilzeitarbeit und befristete Arbeitsverhältnisse (Bauschke/Kurr)

Sauer-Verlag